＼ 少量でおいしい ／

ジッ[illegible]袋で[illegible]たん

季節の保存食

榎本美沙

梅干し、みそ、ぬか漬けなどの「季節の保存食」
肉や魚で作る「毎日のおかず」が
“ジッパー袋”で気楽に楽しめます。

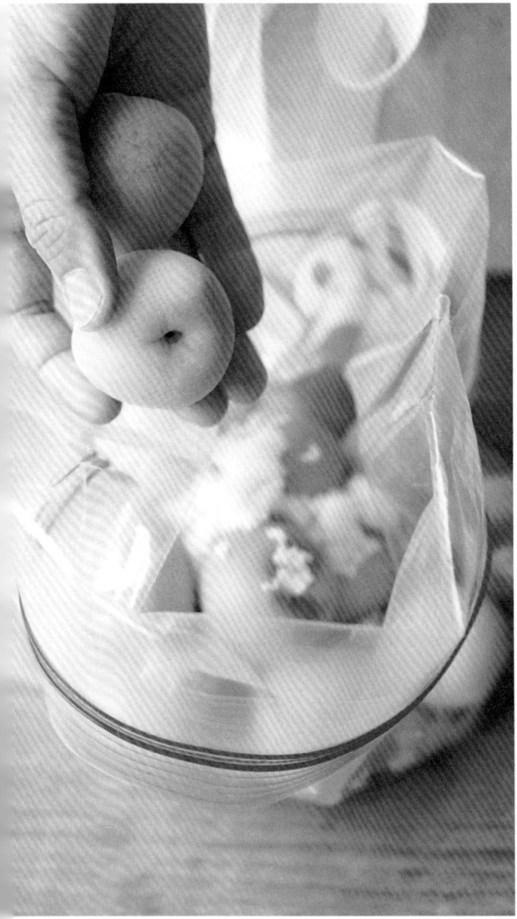

6月になって店頭に梅を見かけたら梅干しの準備を、寒さが厳しくなってきたらみその仕込みをなどと、四季の変化を実感しながら、おいしい味わいを作ることができるのが、季節の手仕事のよいところです。
「やってみたい」という思いはあっても、特別な道具が必要で手間がかかる、できる量が多く食べきれないなどとハードルを高く感じていませんか。そういう方におすすめなのが“ジッパー袋”です。少量で作ることができ、特別な道具はいりません。気楽に挑戦することができるから“ちょっとやってみたい”を簡単にかなえてくれます。

それに、“ジッパー袋”は毎日のおかず作りにも大活躍。時間のあるときに、肉や魚を調味だれと一緒にジッパー袋に漬け込んでおけば、使いたいときに短時間加熱するだけでメインおかずができ上がります。漬け込む時間が素材をよりおいしくしてくれるのも魅力です。
“ジッパー袋”を使うことで、気軽に季節の保存食を、そして、毎日の料理をもっとラクにおいしく。その手助けになる一冊になればうれしいです。

榎本美沙

ジッパー袋が保存食作りや
毎日のおかず作りに向いている理由と、
基本的な扱い方を説明します。

ジッパー袋は こんなに便利！

メリット

1

特別な道具いらずで手軽に作れる

保存食作りに使うガラス瓶やホーローの容器は価格も高めで、使わないときには場所をとってしまいます。ジッパー袋は手軽に買えて、場所もとりません。

メリット

2

少量で作れてコンパクト

ジッパー袋のサイズに合った、作りやすい分量で作ることができます。仕込んだものもコンパクトに保存できます。

ジッパー袋の 扱い方のコツ

◎サイズを選ぶ

家庭用にはＳサイズ、Ｍサイズ、Ｌサイズが出回っています。各レシピの最初のページに使うサイズを明記していますので、確認して使ってください。

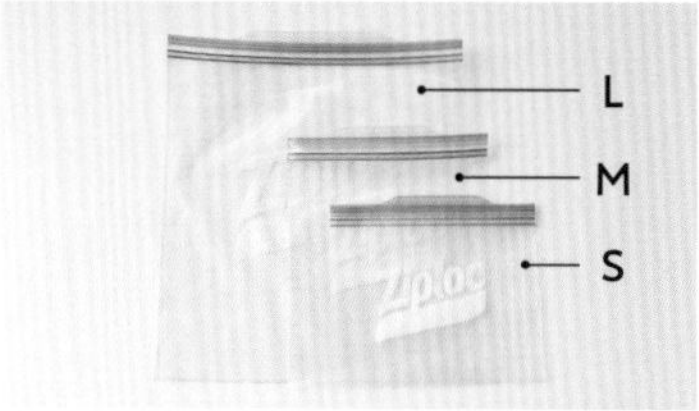

◎パッケージをチェック

ジッパー袋は食品用を使いましょう。汁もれを防ぐために、ジッパーが二重になったものがおすすめです。厚手でじょうぶなものを選べば、やぶれにくく安心です。レシピによっては耐熱温度100℃以上のジッパー袋を使う場合があります。商品パッケージの記載を確認して購入してください。

メリット

3 衛生的で密閉保存ができる

ジッパー袋は未使用であれば消毒せずにそのまま使えます。ジッパーがついているから、空気を抜いて保存するのにも向いています。

メリット

4 調味料が少なくてすむ

ジッパー袋の中で食材に調味料が密着しやすいので、少ない調味料でも味がなじみます。

メリット

5 味を均一にしやすい

ジッパー袋の外側から手でもみ込むことができるので、味が均一に行き渡りやすくなります。袋の口を少し開けておくと、もみ込みやすいです。

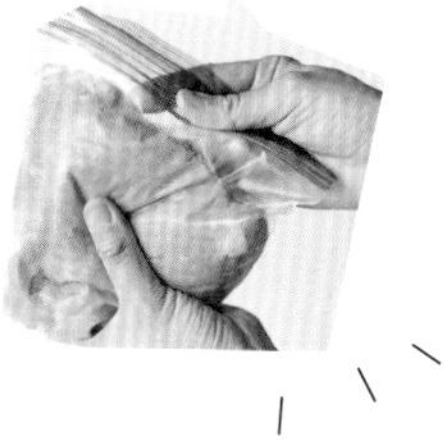

◎空気を入れてふる

袋ごとふって調味料などをなじませるときは、袋に空気を入れてからふると、全体が混ざりやすくなります。

◎空気を抜く

平らにして空気を口から押し出し、空気が入らないようにジッパーの口をしっかり閉めると密閉状態になります。

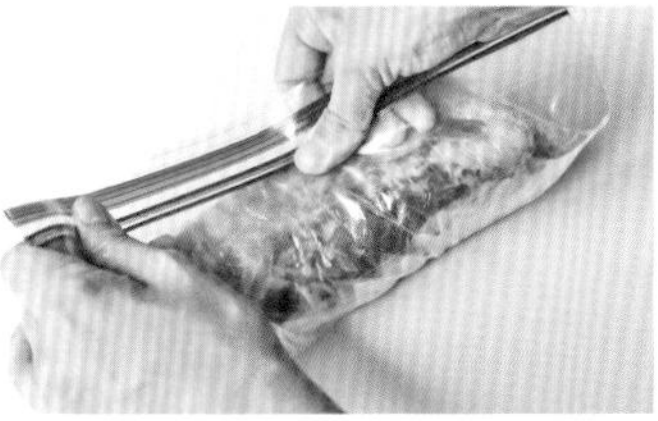

contents

秋・冬の手仕事

ジッパー袋でおいしくなる

毎日のおかず

◎ 計量単位は1カップ＝200㎖、大さじ1＝15㎖、小さじ1＝5㎖です。

◎ 電子レンジの加熱時間は 600Wのものを基準にしています。
500Wなら1.2倍、700Wなら0.9倍の時間で加熱してください。

◎ 炊飯器を使う場合は、かならず耐熱温度 100℃以上のジッパー袋を使用してください。
また、炊飯器の目的外使用になるので、使うときは注意しながら調理してください。

ジッパー袋で楽しくなる

季節の手仕事

春夏は梅干し、ぬか漬け、らっきょう漬け、
秋冬は白菜キムチ、みそ作りなどが代表的ですが、
旬の食材を使ったおいしい保存食は
ほかにもたくさんあります。
ジッパー袋を使えば、気軽に始められるから、
季節のいろいろな食材で手仕事を楽しんで、
旬のおいしさをぜひ満喫してください。

手仕事カレンダー

春・夏

3月　4月　5月　6月　7月　8月

(旬の時期にしかできないもの)

出回る時期が限られている食材を使ったものです。

- 新玉ねぎのサルサ
- 梅シロップ
- 梅干し（塩漬け）
- 梅干し（土用干し）
- レモン醤
- らっきょう漬け
- 山椒じょうゆ
- いちじくのバルサミコマリネ

(旬の時期がおいしいもの)

通年で出回っている食材ですが、旬の時期に作ると失敗が少なく、特においしく作れます。

- ザワークラウト
- ぬか漬け
- 夏野菜のピクルス
- セミドライトマトのオイル漬け
- たけのこのナムル
- みょうがの梅酢漬け
- ハーブバター

(いつでもおいしいもの)

季節を問わず、おいしく作れます。

- 塩麹
- ジンジャーシロップ
- 甘酒

秋・冬

季節の保存食は、旬の食材が出回る時期を逃してしまうと作れないことも。カレンダーに仕込みに適した時期を示しました。いつ取り掛かるとよいかを把握しておきましょう。

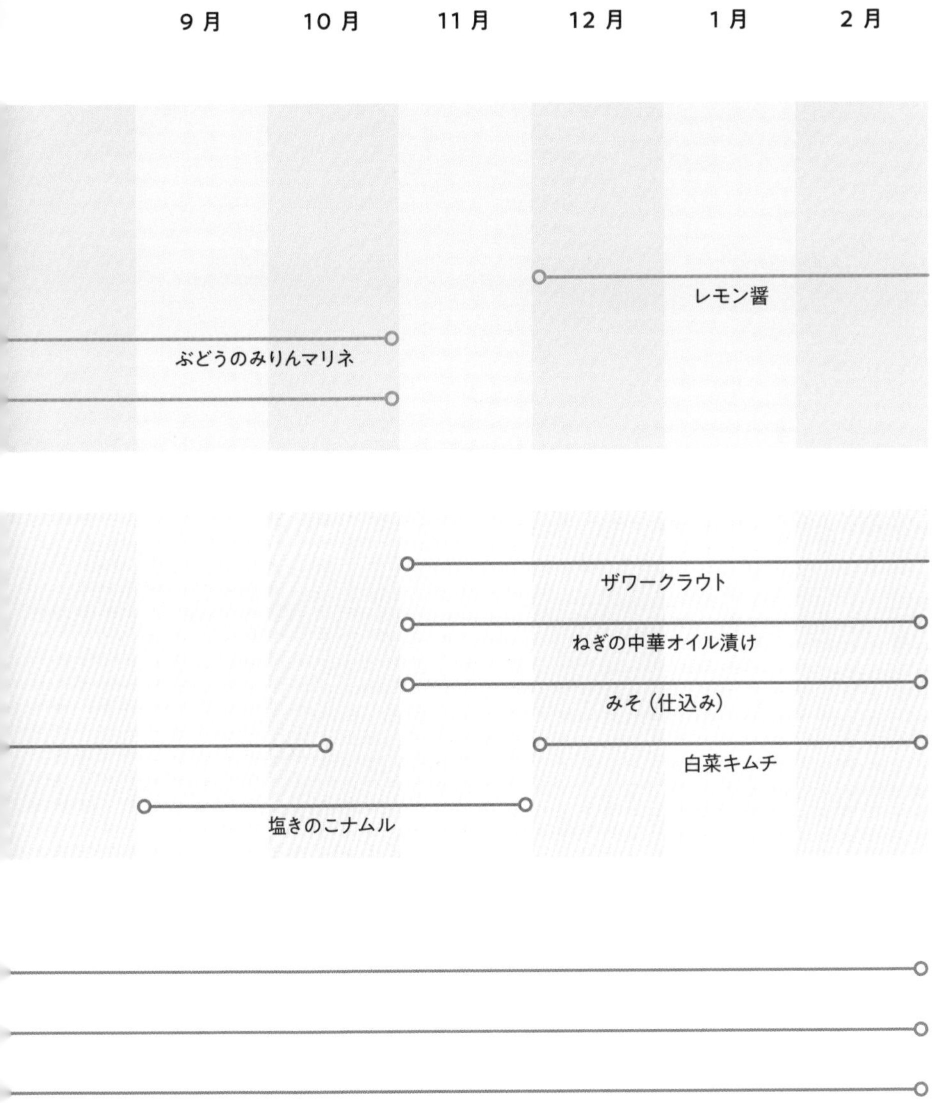

春・夏の手仕事

梅干し

食べごろ 2カ月後から
保存 冷蔵で1年
ジッパー袋 Lサイズ1枚

季節になると作りたくなる保存食の代表格といえば、梅干し。1個ずつヘタを取ったり、天日干しをしながら上下を返したり、梅への愛着がわいてくる楽しい作業が目白押しです。晴天が続かなくても干すことはできるので、ハードルは高くありません。ジッパー袋で作りやすい1kg から始めてみましょう。

材料（塩漬け用）

梅（完熟）…… 1kg

粗塩 …… 130g（梅の重量の13％）

Q **粗塩を使うのはなぜ？**

A **カビの防止にもなり、おいしさが増します**

粗塩は精製していない塩のことです。精製塩に比べると粒子が大きく、しっとりとしていて梅にからみやすいため浸透しやすく、梅酢（梅から出てくる水分）が早く出やすいという利点があります。梅は梅酢に浸っているとカビにくいので、失敗を防ぐ効果も。また、粗塩はミネラルを豊富に含み、うまみアップにもつながります。

材料（赤じそ漬け用）

赤じそ …… 1袋（正味 200g）

粗塩 …… 40g

Q **青みがかった梅が交ざっていたらどうしたらいい？**

A **2～3日おいて追熟させます**

青いまま漬けると、皮や実がかたい梅干しになるので、塩漬けの前に追熟を。ざるにのせ、日の当たらない風通しのよい場所に2～3日おきます。ほぼ黄色くなって甘い香りが立ってきたらOK。完熟しているものはポリ袋に入れて冷蔵庫（野菜室）で保管を。

作り方

1 梅を塩漬けする

ボウルに梅を入れて水をたっぷり注ぎ、表面の汚れを落とすようにやさしく洗い、ざるに上げる。

▶

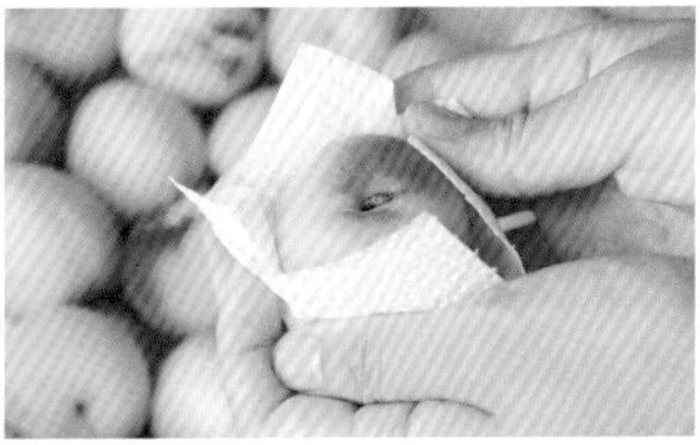

1個ずつペーパータオルで包むようにし、ていねいに水けをふき取る。

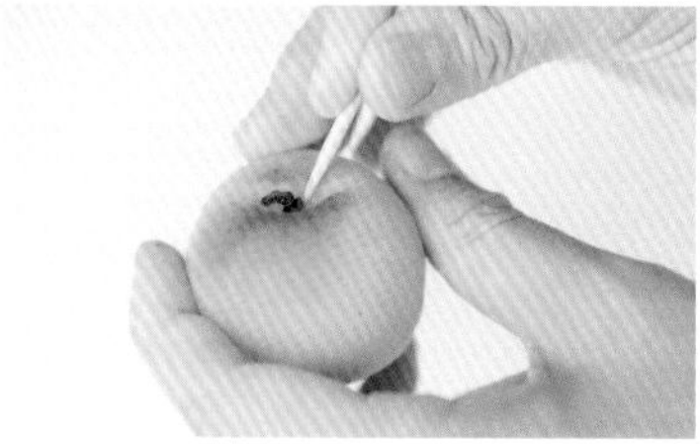

梅を傷つけないように、なり口に残ったヘタを竹串で取る。大きな傷がある梅があれば、この段階で取り除く。

ジッパー袋に梅、粗塩を3～4回に分けて交互に入れる。

全部入れたらこぼれないように口を曲げ、袋ごと軽くゆすって、梅全体に粗塩をまんべんなくなじませる。平らにし、空気を抜いて口を閉じる。

ホーロー製のバットなどに平らにして入れ、2kgの重し（塩2kgや水2ℓなど）をのせ、梅酢（梅から出てくる水分）が上がってくるのを待つ。

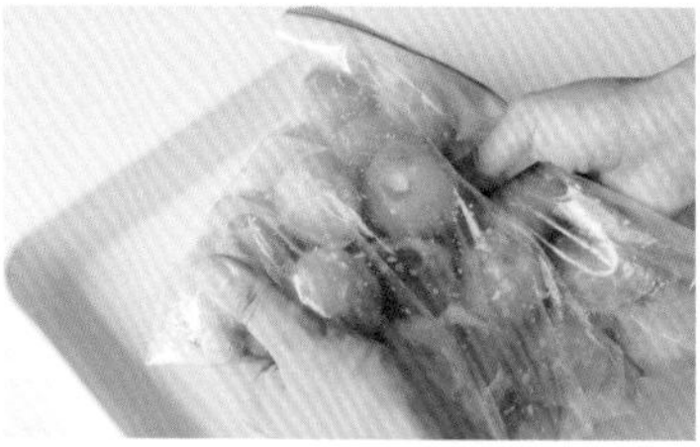

1日2～3回は袋を軽くもんで塩をからめるようにし、空気が入っている場合は抜く。その都度上下を返してバットに戻し入れ、重しをする。

2～3日して梅酢が上がってきた状態。梅がかぶるくらいの梅酢が出てきていればよい。

Q **梅酢が上がってこない！**

A **塩がよくなじんでいない可能性も**

1日に2～3回袋を軽くもんで上下を返しますが、塩がもっとなじむように回数をもう少し増やしてみましょう。また、重しを2.5kg程度に増やしてみてください。

Q **カビが生えてきた！**

A **カビを取り除き、消毒を**

梅酢が上がる途中でカビが生えてしまったら、スプーンなどでていねいにカビを取り除きます。ジッパー袋から梅を取り出して、消毒のためにホワイトリカーをまぶします。そして、新しいジッパー袋に梅酢とともに戻し入れましょう。

2 赤じそ漬けをする

梅酢がしっかり上がってきてから、赤じそ漬けをする。赤じその葉はキッチンばさみで茎から1枚ずつ切り離してボウルに入れる。

▶

たっぷりの水を注ぎ、もむようにして表面の汚れをしっかり落とす。ざるに上げてしっかり水けをきる。

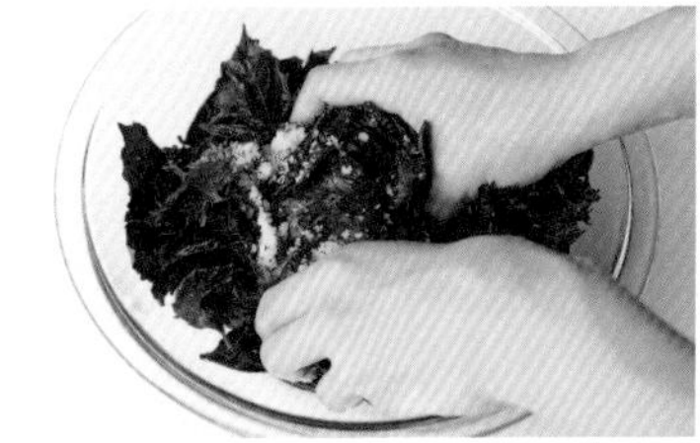

ボウルに入れ、粗塩の1/2量を全体にふって手でよくもみ込む。

▶

アクが出てくるので、赤じそをしっかり絞ってアクを捨てる。

残りの粗塩をふってさらにもみ込み、赤じそをしっかり絞ってアクを捨てる。

梅の塩漬けの袋から梅酢 1/4 カップを取り出し、赤じそにかける。

菜箸で赤じそをほぐし、梅酢を全体になじませる。梅酢をかけることで、赤じそが発色して鮮やかな赤紫色になる。

塩漬けした梅のジッパー袋に赤じそを広げてのせる。空気を抜いて口を閉じる。

梅が梅酢に浸る程度の軽い重し（塩500gや水500mℓなど）をのせ、バットごと風通しのよい冷暗所に置く。このまま梅雨が明けるまでおいておく。

土用干しの前にはこんなに真っ赤に！

Q 白干し梅を作りたい！

A 赤じそを加えないだけでOK

梅の塩漬けまでをしたら、赤じそを加えずに梅雨明けを待ちます。土用干しや梅酢の扱いは赤じそ漬けと同じです。手間が少なく、すっきりとした味わいの梅干しを楽しめます。

3 土用干しをする

梅雨が明けて晴天が続く日を見計らって土用干しをする。朝の時間帯に、新聞紙を敷いてざるをのせ、ジッパー袋から梅を1個ずつ取り出して並べる。

▶

赤じそは梅酢を絞ってからざるにのせ、ほぐして広げる。ジッパー袋に残っている梅酢はとっておく。

日当たりがよく、風通しがよいところにざるごと出して天日に干す。できれば日中一度上下を返し、日が沈む前に室内に取り込む。 2日目も同様にする。

※途中で天気が崩れた場合は、連続して干さなくても大丈夫。合計で3日間干せばよい。

（3日目）

3日目は梅酢も一緒に天日に干す。日が沈む前に梅酢は取り込み、梅干しは夜も出しておき、夜露に当てる。翌日の朝、干し上がりを取り込む。

◎ 外で干せない場合は

庭やベランダに干す場所がない場合や、晴天に恵まれない場合は、室内の日当たりのよい場所に干してもよい。昼間は扇風機で風を当てて、3日間干すようにする。

4 保存する

保存する瓶は熱湯消毒をしておく。梅干しは一度梅酢にくぐらせてから瓶に入れる。ふたをして冷蔵庫で保存する。

▶

梅酢用の瓶も熱湯消毒し、梅酢を茶こしなどでこして入れる（赤梅酢）。梅干しと同様に保存する。

赤じそはふりかけに

赤じそはそのまま食べてもよいが、フードプロセッサーにかけて粉砕し、ふりかけにしても。保存瓶に入れて常温で保存できる。

Q 減塩の梅干しを作りたい！

A カビが発生しやすくなるので、おすすめしません

市販品には塩分が10％程度のものもありますが、防腐剤などを加えている可能性も。ここで紹介している梅干しは塩分13％で自家製としてはかなり塩分控えめです。これより塩分を下げるとカビが発生しやすくなるので、あまりおすすめしません。

Q 梅酢は何に使えるの？

A 料理をさっぱり仕上げる、万能調味料。臭み消しにも

赤梅酢も、赤じそを使わない白梅酢も、砂糖を少し加えればすし酢になり、オリーブ油と合わせればドレッシングになり、肉や魚の下味に使えば臭み消しの効果も。22ページでは、赤梅酢を使った「みょうがの梅酢漬け」を紹介しています。

梅干しを使って

梅とささみの豆乳うどん

材料（2人分）**と作り方**

1. 豆乳1カップ、めんつゆ（3倍濃縮）大さじ2、すり白ごま大さじ2を混ぜて、たれを作る。三つ葉 1/2 束は3㎝長さに切る。梅干し3個は種を除いて包丁でたたく。

2. 耐熱皿に鶏ささみ4本（約 200g）をのせて塩少々、酒大さじ1をふり、ふんわりとラップをかけて電子レンジで約2分 30 秒加熱する。ラップをかけたまま粗熱が取れるまでおき、ささみを手でさく。

3. 冷凍うどん2玉は袋の表示どおりにゆで、冷水にとってもみ洗いをし、水けをきる。

4. 器にうどん、ささみを盛り、たれをかけて梅干しと三つ葉をのせる。好みですり白ごまをふっても。

梅干しを使って

豚しゃぶの梅だれがけ

材料（2人分）**と作り方**

1. 小さめの耐熱ボウルに、酒、みりん各大さじ1を入れ、ラップをかけずに電子レンジで約 30 秒加熱してアルコール分を飛ばす。

2. 梅干し2個は種を除いて包丁でたたき、しょうゆ、水各大さじ1、削り節ひとつまみとともに1に加え、たれを作る。

3. きゅうり1本は斜め薄切りにしてから細切りにし、青じそ4枚はせん切りにする。

4. 鍋にたっぷりの湯を沸かし、酒大さじ1、塩小さじ 1/2 を入れ、沸騰しない程度の火加減で、豚しゃぶしゃぶ用肉 200g を1枚ずつゆで、ざるに上げる。

5. 4と3を混ぜて器に盛り、たれをかける。

梅シロップ

青梅の香りが漂い、ほどよい酸味と甘みのあるシロップです。水や炭酸水で割って飲めば、すっきりとした飲み心地で夏の暑さを忘れさせてくれます。

材料

青梅 …… 500g
氷砂糖 …… 500g

食べごろ ２週間後から
保存 冷蔵で３カ月
ジッパー袋 Lサイズ２枚

作り方

1 梅を冷凍する

ボウルに梅を入れ、水をたっぷり注いでやさしく洗い、ざるに上げる。１個ずつペーパータオルで包むようにし、ていねいに水けをふき取る。

▶

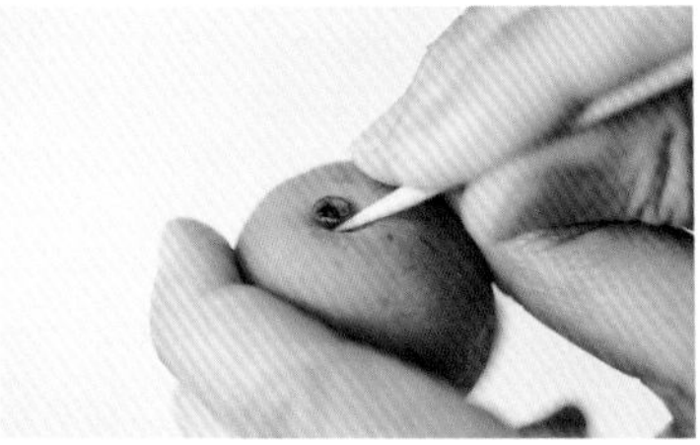

梅を傷つけないようにして、なり口に残ったヘタを竹串で取り除く。

ジッパー袋に入れ、空気を抜いて口を閉じ、冷凍庫に入れて冷凍する。凍らせることで梅の繊維を破壊し、エキスを抽出しやすくする。

（冷凍後）

2 漬ける

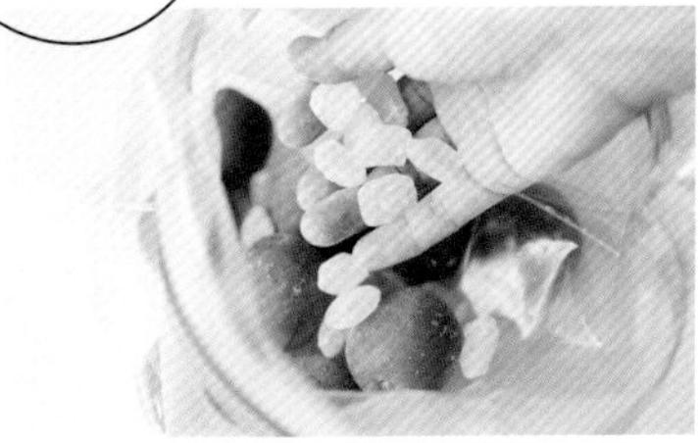

新しいジッパー袋に凍らせた梅、氷砂糖を2〜3回に分けて交互に入れる。

▶

空気を抜いて口を閉じ、平らにしてバットに入れ、冷暗所に2週間ほどおく。

1日1回は上下を返して全体をゆするようにする。２週間たったら梅を取り除き、冷蔵庫に入れて保存する。

＼ 2週間後、
エキスがたっぷり！ ／

みょうがの梅酢漬け

梅酢は梅干し作りのうれしい副産物。夏が旬のみょうがは、季節も味わいも梅酢と好相性です。すっきりとしたみょうがに、うまみたっぷりの梅の風味がぴったり。

材料

みょうが …… 9個

みりん …… 大さじ3

赤梅酢（18 ページ参照）…… 大さじ2

※赤梅酢は市販品を使ってもよい。

食べごろ 8時間後から

保存 冷蔵で1週間

ジッパー袋 Mサイズ1枚

※ジッパー袋は耐熱温度 100℃以上のものを使用。

作り方

① みょうがは縦半分に切る。鍋にたっぷりの湯を沸かし、みょうがを入れて約20 秒ゆで、ざるに上げる。

② ジッパー袋に入れて、熱いうちにみりん、赤梅酢を加えてなじませる。粗熱がとれたら空気を抜いて口を閉じ、冷蔵庫に入れて8時間以上おく。

夏野菜のピクルス

甘酸っぱくてみずみずしいピクルスは、夏の暑さを吹き飛ばす元気が出るおいしさ。もう一品ほしいときに便利で、彩りがよく、お弁当にも活躍します。

材料

パプリカ（赤・黄）…… 各1/2個
セロリ …… 1本
きゅうり …… 1本
ピクルス液
　米酢 …… 3/4カップ
　きび砂糖（または砂糖）…… 大さじ4
　塩 …… 大さじ1/2
　粒黒こしょう …… 10粒
　ローリエ …… 1枚
　赤唐辛子（種を除いたもの）…… 1本

食べごろ 8時間後から
保存 冷蔵で1カ月
ジッパー袋 Mサイズ1枚

※ジッパー袋は耐熱温度100℃以上のものを使用。

作り方

1. パプリカは縦1㎝幅に切る。セロリときゅうりは、長さと太さをパプリカに合わせて縦に切る。
2. 鍋にたっぷりの湯を沸かして①を入れ、20～30秒ゆでる。ざるに上げて湯をきり、ジッパー袋に入れる。
3. 鍋にピクルス液の材料と水3/4カップを入れて中火にかける。ひと煮立ちしたら②のジッパー袋に加え、口を少し開けて冷ます。冷めたら空気を抜いて口を閉じ、冷蔵庫に入れて8時間以上おく。

らっきょう漬け

作りたてだからこその香りと歯ざわりがたまりません。まず塩漬けを作っておけば、それを使って甘酢漬け、赤ワイン漬けも作れ、味のバリエーションを楽しめます。

食べごろ 1週間後から

保存 冷蔵庫で半年

ジッパー袋 Lサイズ1枚

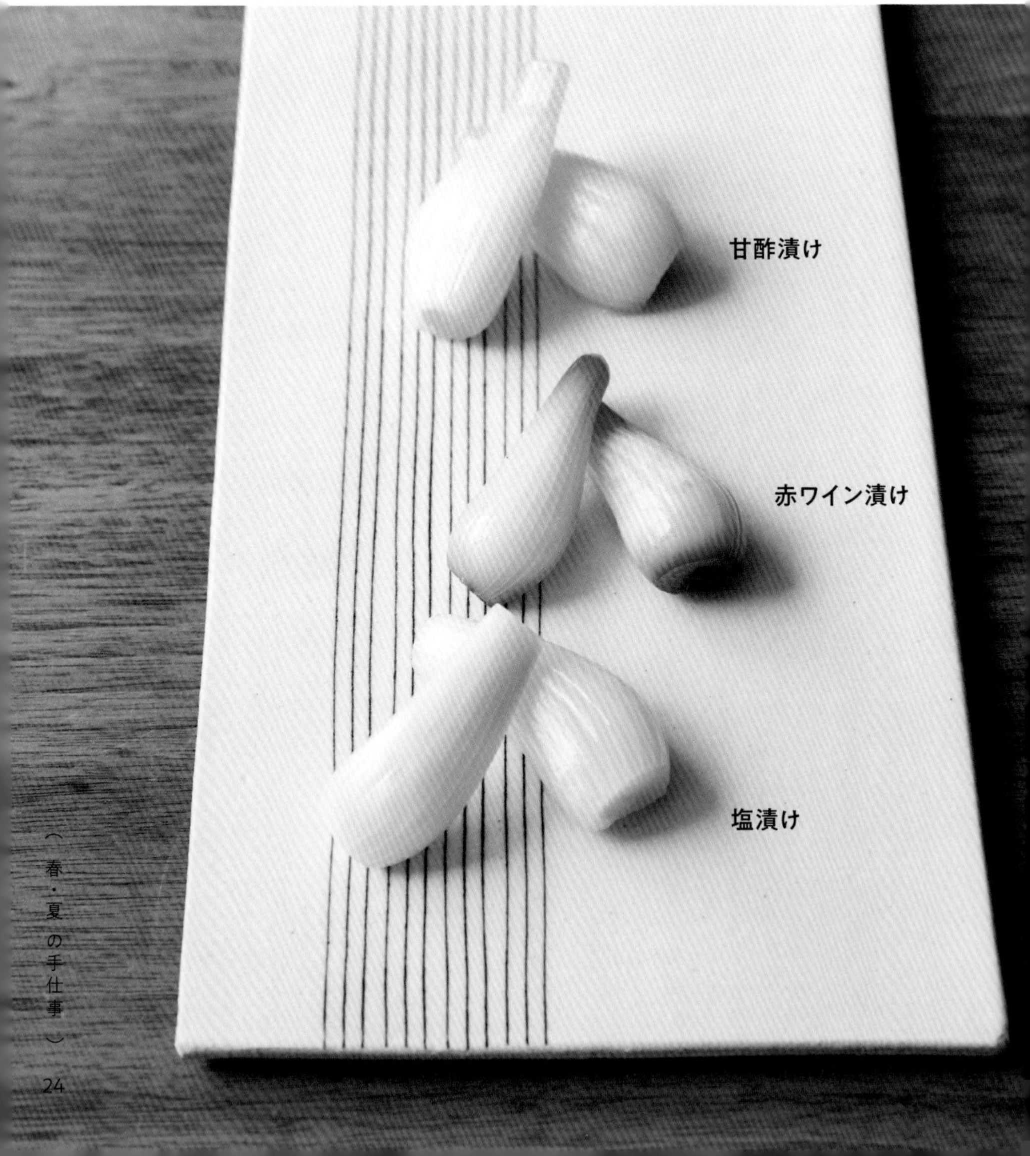

塩漬け

らっきょうは芽が出やすいので、
買ったらすぐに仕込みましょう。

材料

らっきょう …… 1kg
粗塩 …… 120g
赤唐辛子（種を除いたもの）…… 2本

準備

鍋に粗塩、水4カップを入れてひと煮立ちさせ、よくかき混ぜて塩水を作る。完全に冷ましておく。

作り方

1 皮をむく

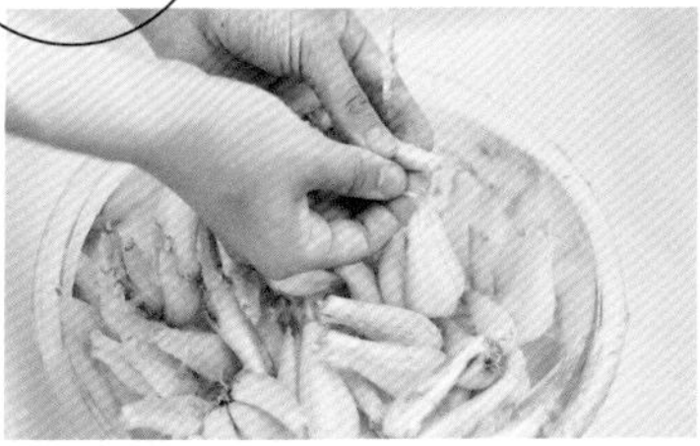

ボウルにらっきょうを入れて流水を当て、水洗いしながら薄皮をざっとむく。

くっついているものははずし、ざるに上げて水けをきる。

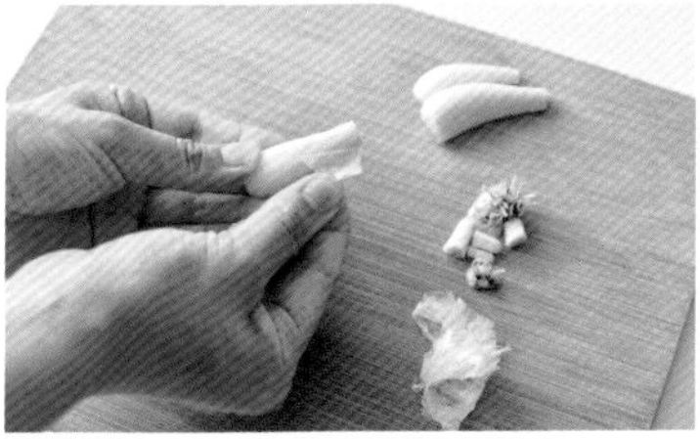

芽と根を切り落としながら、薄皮をきれいにむいて完全に取り除く。

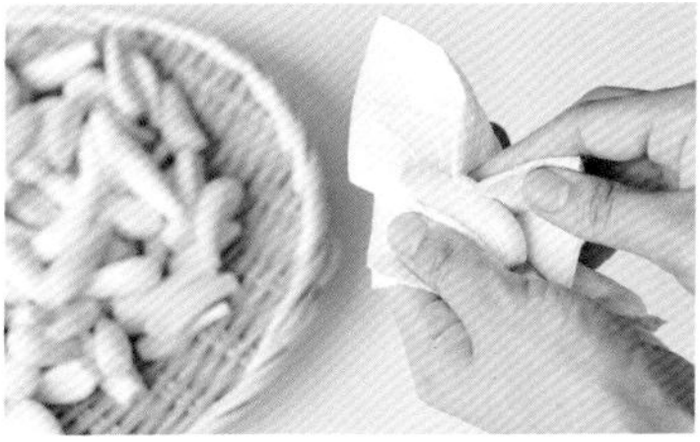

再度ざっと洗ってざるに上げ、ペーパータオルでていねいに水けをふき取る。

2 塩漬けにする

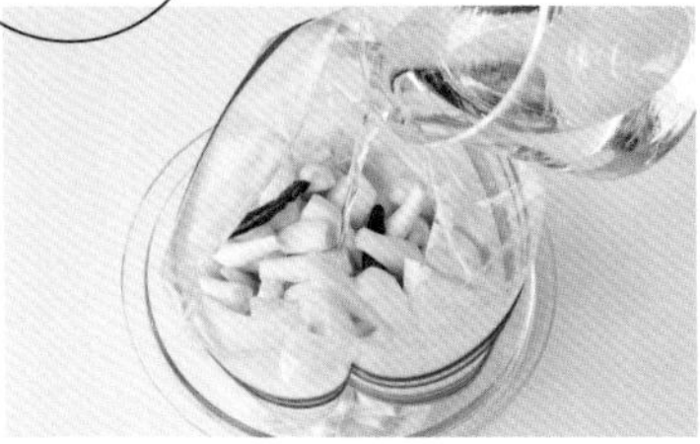

安定しやすいようにボウルにジッパー袋を口を開けて立て、らっきょう、赤唐辛子、塩水を入れる。

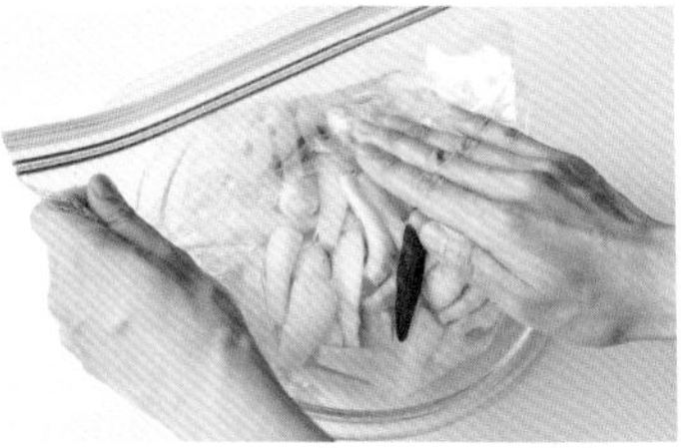

空気を抜いて口を閉じ、冷暗所に置く。1日に1回はゆすり、1週間ほどおく。

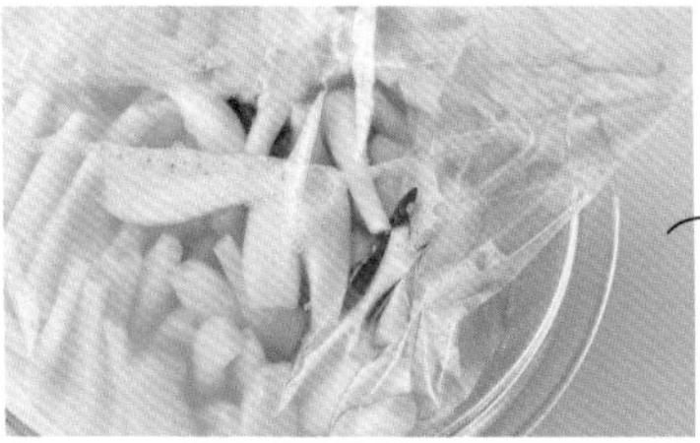

発酵が進んで細かい泡が出てきたら、食べ始められる。そのまま食べる場合は、たっぷりの水に8時間ほどつけて塩抜きをする。

完成

（1週間後）

こんな食べ方もおすすめ

サラダにして

材料（2人分）**と作り方**

らっきょうの塩漬け2〜3個は粗めに刻み、トマト1個は角切りにしてあえる。器に盛り、オリーブ油適量を回しかけ、青じそのせん切り適量をのせる。

ほかにも！

- 塩抜きしてから削り節としょうゆを混ぜて小鉢に。
- 豚肉と一緒にごま油で炒めても。

甘酢漬け にするなら

食べごろ 4～5日後から

保存 冷蔵庫で半年

ジッパー袋 Mサイズ1枚

材料

らっきょうの塩漬け …… 250g
酢 …… 3/4カップ
砂糖 …… 65g
みりん …… 大さじ2
赤唐辛子（種を除いたもの）…… 1本

作り方

①

らっきょうの塩漬けはたっぷりの水に8時間ほどつけて塩抜きをする。ざるに上げてペーパータオルで水けをよくふき取り、ジッパー袋に入れる。

▶

②

鍋（ホーローまたはステンレス製）に酢、砂糖、みりんを煮立て、砂糖が溶けたら火を止め、冷ます。赤唐辛子とともにジッパー袋に入れ、冷暗所に置く。1日1回はゆすって4～5日おく。

赤ワイン漬け にするなら

食べごろ 4～5日後から

保存 冷蔵庫で3カ月

ジッパー袋 Mサイズ1枚

材料

らっきょうの塩漬け …… 250g
赤ワイン …… 1/2カップ
りんご酢 …… 1/2カップ
はちみつ …… 100g

作り方

①

「甘酢漬け」と同様に塩抜きをし、水けをふいてジッパー袋に入れる。鍋（ホーローまたはステンレス製）に赤ワイン、りんご酢、はちみつを入れて火にかける。

▶

②

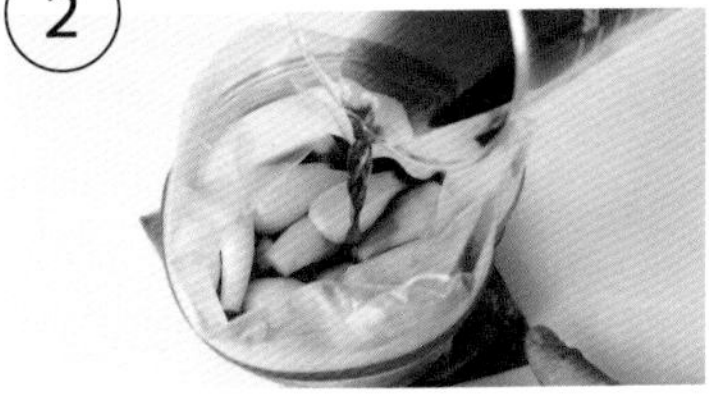

煮立ったら、火を止めて冷まし、ジッパー袋に加える。空気を抜いて口を閉じ、冷暗所に置く。1日1回はゆすって4～5日おく。

ぬか漬け

ジッパー袋で作ったぬか漬けは冷蔵庫に入れられるので発酵が進みすぎず、失敗しにくいのが特徴。手入れが大変と思われがちですが、少量仕込みで気軽に始めてみましょう。

食べごろ 本漬け後1～3日

保存 ぬか床は冷蔵（野菜室）で長期保存可能

ジッパー袋 Lサイズ1枚

材料（ぬか床の材料）

ぬか …… 500g

粗塩 …… 70g

赤唐辛子（種を除いたもの）…… 2本

煮干し …… 3本

削り節 …… 2g

昆布（5×5㎝）…… 2枚

捨て漬け野菜（大根やにんじんの皮、キャベツの外葉や軸など）…… 適量

※捨て漬け野菜はアクが少なく水分の多いものがよい。かぶの葉、白菜などでも。

作り方

1 ぬか床を作る

鍋に水2½カップ、粗塩を入れて混ぜながら火にかけ、塩が溶けたら冷ます。ジッパー袋にぬかを入れて塩水を少しずつ加え、手で混ぜる。

▶

全体に水分が行き渡って、ぬかがしっとりするまでよく混ぜ合わせる。赤唐辛子、煮干し、削り節、昆布を加え、さらに混ぜる。

よくなじんだら、捨て漬け野菜を埋め込む。捨て漬け野菜はうまみや水分を補い、発酵を促す役目をする。

▶

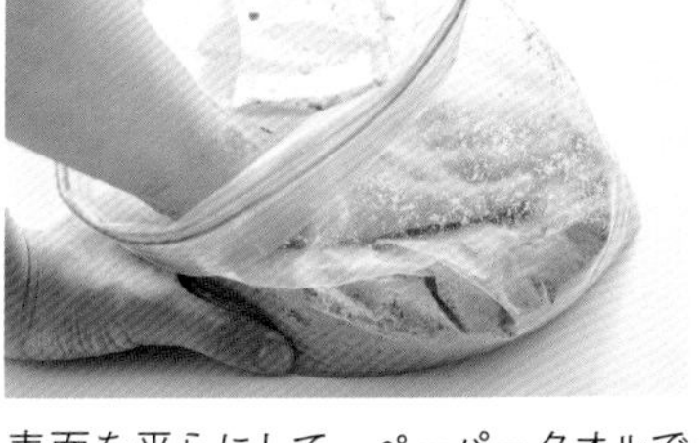

表面を平らにして、ペーパータオルで縁をきれいにふき取る。空気を抜いて口を閉じ、常温におく。1日に2回ほど手で全体を混ぜる。

3～4日したら捨て漬け野菜を交換する。捨て漬け野菜を取り出し、ギュッと絞って絞り汁をぬか床に加えて混ぜ、新しい捨て漬け野菜を入れる。常温におき、これを３～４日おきにくり返す。

ぬか床を作り始めて 15 日ほどたって、ぬか床がしっとりとしてみそのようなかたさになったら完成。この後は冷蔵庫（野菜室）で保存する。

2 本漬けをする

◎ 野菜は塩もみしてから漬けると野菜の水分が抜け、ぬかが浸透しやすくなる。キャベツ、パプリカ、みょうがなど、塩もみしないものもある。

◎ 野菜が空気にふれると色が悪くなるので、ぬか床の表面から出ないように埋め込む。

◎ 数種類の野菜を一緒に袋に漬けてもよい。

きゅうり

塩もみして、ぬか床に完全に埋め込み、1～2日漬ける。

なす

ヘタを切り落とさないようにガクだけを切り取り、縦に切り込みを入れる。塩もみして切り込みにぬか床をはさみ、埋め込んで2～3日漬ける。

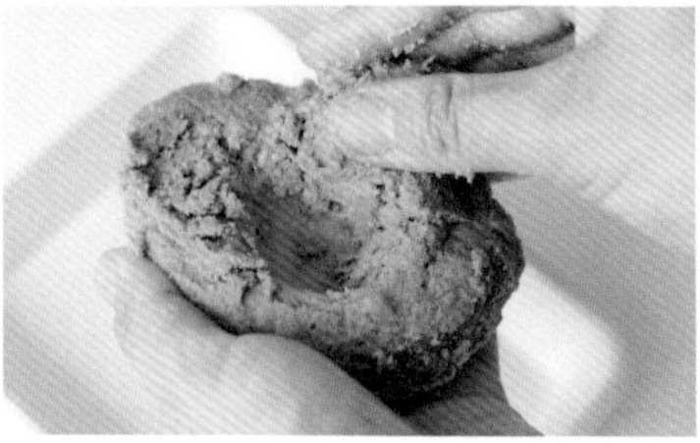

アボカド

アボカドは形がくずれやすいので、ぬか床の袋には入れない。ぬか床を全面にぬってラップで包み、冷蔵庫に1～2日おく。

食材別漬け方一覧

食材名	漬け方	食べごろ
かぶ	皮をむいて縦半分に切り、塩もみしてから漬ける	2〜3日後
かぶの葉	塩もみしてから漬ける	1日後
パプリカ	縦半分に切ってヘタと種を除き、漬ける	2〜3日後
にんじん	皮をむいて縦半分に切り、塩もみしてから漬ける	3〜4日後
大根	皮をむいて縦4等分に切り、塩もみしてから漬ける	3〜4日後
ズッキーニ	縦半分に切り、塩もみしてから漬ける	2〜3日後

3 保存する

野菜を漬け込んだら袋の内側をきれいにし、空気を抜いて口を閉じ、冷蔵庫(野菜室)で保存する。食べごろのものから食べていく。ぬか床に、風味づけに実山椒、しょうがの薄切り、干ししいたけなどを加えてもよい。

▶

ぬか床は週に1回は全体をまんべんなく混ぜて、空気に触れさせる。ぬか床は定期的に空気に触れることで発酵が進む。ぬか床の量が減ってきたら、ぬか1カップと塩小さじ1〜2を補充し、よく混ぜ、冷蔵庫にもどす。

Q ぬか床が水っぽくなってきた

A ぬかと塩を加えます

野菜から水分が出るので、ぬか床はだんだん水っぽくなっていきます。少し水けが多くなった程度ならペーパータオルで吸い取れば大丈夫です。水がたまるくらいになったら、ぬか1カップと塩小さじ1〜2を加えて混ぜましょう。

Q 長期間留守にするときは?

A 冷凍庫で保存を

1週間以上留守にするときは、野菜などを取り出してからジッパー袋の空気をしっかり抜き、冷凍庫に入れておきます。帰宅したら、常温で解凍してから野菜室に戻し、ぬか漬けを再開します。

新玉ねぎのサルサ

新玉ねぎだから水にさらさずに使えます。甘くてジューシーなトマトをたっぷりと味わえるピリ辛ソース。焼いた肉にかけるだけでも華やかな一品になります。

食べごろ すぐに食べられる
保存 冷蔵で2日
ジッパー袋 Mサイズ1枚

材料

新玉ねぎ …… 1個（200g）
トマト …… 大2個（400g）
ピーマン …… 1個
にんにく …… 1片
レモン汁 …… 大さじ1と1/2
オリーブ油 …… 大さじ2
塩 …… 小さじ1
一味唐辛子 …… 小さじ1/4

作り方

①

トマトはヘタを除いて、新玉ねぎとともに1cm角に切る。ピーマンはヘタと種を除いて、にんにくとともにみじん切りにする。

▶

②

ジッパー袋に①、レモン汁、オリーブ油、塩、一味唐辛子を入れ、スプーンでまんべんなく混ぜる。空気を抜いて口を閉じ、冷蔵庫で保存する。

＼こんな食べ方もおすすめ／

- スクランブルエッグやオムレツ、グリルチキンにかけて。
- つぶしたアボカドと一緒にバゲットにのせて。

ホットドッグにして

切り込みを入れたドッグパンにグリーンリーフ、焼いたフランクフルトソーセージをはさみ、新玉ねぎのサルサをたっぷりかける。

たけのこのナムル

市販のゆでたけのこでも作れますが、旬のたけのこで作ると歯ざわりも風味も抜群！ ピリ辛でおつまみになり、ラーメンのメンマとしても活用できます。

食べごろ 30分後から

保存 冷蔵で2～3日

ジッパー袋 Mサイズ1枚

材料

- たけのこ（ゆでたもの）…… 200g
- にんにくのすりおろし …… 少々
- 薄口しょうゆ …… 小さじ4
- ごま油 …… 小さじ2
- ラー油 …… 小さじ 1/2

※市販のゆでたけのこを使う場合は、切ったあとにさっとゆでる。薄口しょうゆがない場合は、しょうゆ(濃口) でもよい。

作り方

① たけのこは長さを半分に切り、穂先の部分は縦3㎜厚さに切り、根元の部分は3㎜厚さのいちょう切りにする。

② ジッパー袋に①、にんにく、薄口しょうゆ、ごま油、ラー油を入れ、袋の上からもんで味をなじませる。空気を抜いて口を閉じ、30 分おく。

旬のたけのこのゆで方

たけのこは鮮度が大切。
アクがどんどん強くなっていくので、
手に入れたらすぐにゆでましょう。

材料

たけのこ …… 1本（300～400g）
ぬか …… 1/4カップ
赤唐辛子 …… 1本

1.

穂先を斜めに5～6㎝切り落とす。皮に縦に2㎝深さの切り目を入れる。

▶

2.

鍋にたけのこ、かぶるくらいの水、ぬか、赤唐辛子を入れて強火にかける。沸騰したら、弱火にして落としぶたをする。

3.

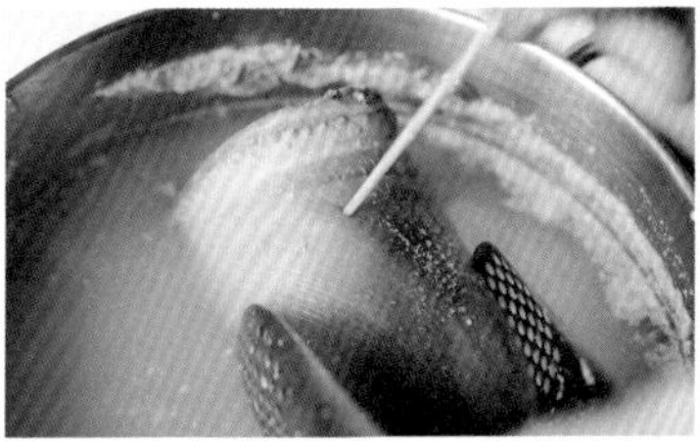

1～2時間ゆでたら、根元の太い部分に竹串を刺してみて、スッと通ればOK。ゆで汁に入れたまま完全に冷ます。

▶

4.

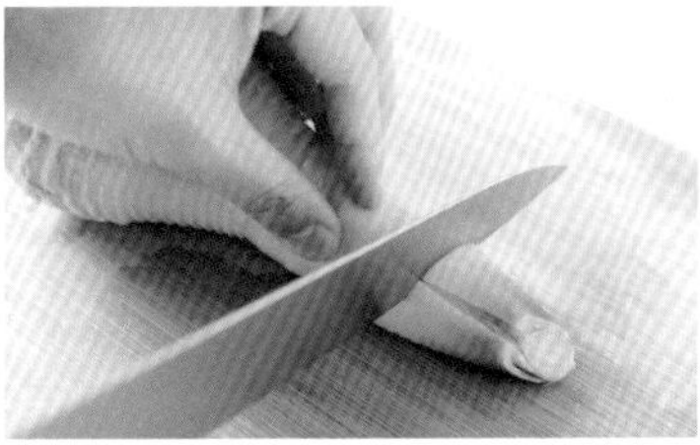

冷めたらぬかを洗い流し、手で皮をむく。先端のかたい部分を切り落とす。

5.

下部の凸凹したところを包丁で削り取り、きれいにする。保存する場合は、保存容器にゆで汁ごと入れて冷蔵庫に入れ、2日ほどで食べきる。

姫皮をむいてから使う

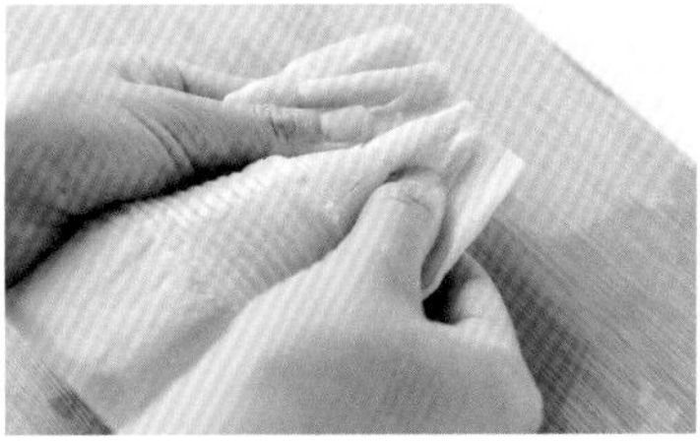

使うときは、上部のやわらかい姫皮をめくるようにしてむく。姫皮は繊維に沿って切り、すまし汁の具にしたり、しょうゆあえにしても。

セミドライトマトのオイル漬け

ミニトマトを低温でじっくり加熱すると、甘みやうまみが凝縮して、濃厚な味わいに。バゲットにクリームチーズとのせて塩をふるだけでもおいしい！

材料

ミニトマト …… 2パック（約28個）
オリーブ油 …… 1/2カップ

食べごろ 8時間後から
保存 冷蔵で1週間
ジッパー袋 Mサイズ1枚

作り方

①

オーブンは100℃に予熱する。ミニトマトはヘタを取って横半分に切り、切ったものから、切り口を下にしてペーパータオルを広げたバットに並べて、約5分おく。

②

▶

（焼き上がり）

オーブンの天板にオーブンシートを敷き、①のミニトマトの切り口を上にして並べて、100℃のオーブンで2時間焼く。粗熱が取れたら、ジッパー袋に入れてオリーブ油を注ぐ。空気を抜いて口を閉じ、冷蔵庫に入れて8時間以上おく。

完成

こんな食べ方もおすすめ

セミドライトマトのオイルパスタ

うまみたっぷりのトマトに
くるみの香ばしさがマッチ。

材料（2人分）**と作り方**

1. 鍋に2ℓの湯を沸かして塩小さじ4を入れ、スパゲッティ160gを袋の表示どおりにゆでる。

2. ボウルにセミドライトマトのオイル漬け28個とその油大さじ4を入れ、ゆで上がったスパゲッティの湯をきって加えてあえ、塩、こしょう各適量で味をととのえる。器に盛り、くるみ（刻んだもの）適量を散らしてパセリのみじん切り、パルメザンチーズ各適量をふる。

山椒じょうゆ

お刺し身や冷ややっこなどのたれだけでなく、炒めものの調味料として活用しても。風味がよく、ピリリとした辛みがアクセントになります。

食べごろ 1週間後から
保存 冷蔵で半年
ジッパー袋 Sサイズ1枚

材料

山椒の実 …… 50g
塩 …… 小さじ1
しょうゆ …… 1/2 カップ

作り方

①

ボウルに山椒の実を枝ごと入れて水をたっぷり注ぎ、表面の汚れを落とすようにさっと洗い、ざるに上げる。枝から実をはずす。軸はついていてもよい。

▶

②

鍋にたっぷりの湯を沸かして塩と山椒の実を入れる。指でつぶせるくらいになるまで7〜8分ゆでる。冷水にとって約1時間おいてアクを抜く。ざるに上げ、水けをきってペーパータオルで水けをよくふき取り、ジッパー袋に入れてしょうゆを加える。空気を抜いて口を閉じ、冷蔵庫に入れて1週間以上おく。

＼こんな食べ方もおすすめ／

お刺し身にかけて

脂ののったぶり、まぐろなどによく合う。

＼ほかにも！／

- 冷ややっこにかけても。
- さば、いわし、さんまなどに山椒じょうゆをぬり、かば焼きにしても。

ハーブバター

バゲットにぬってトーストすればガーリックトーストに。ステーキやゆでたじゃがいもにのせたり、マッシュルームを炒めたりするだけで、リッチな味わいに。

食べごろ 1時間後から

保存 冷蔵で1週間、冷凍で1カ月

ジッパー袋 Mサイズ1枚

材料

バター …… 100g

タイムのみじん切り …… 大さじ1

イタリアンパセリのみじん切り …… 大さじ1

にんにくのすりおろし …… 小さじ 1/2

作り方

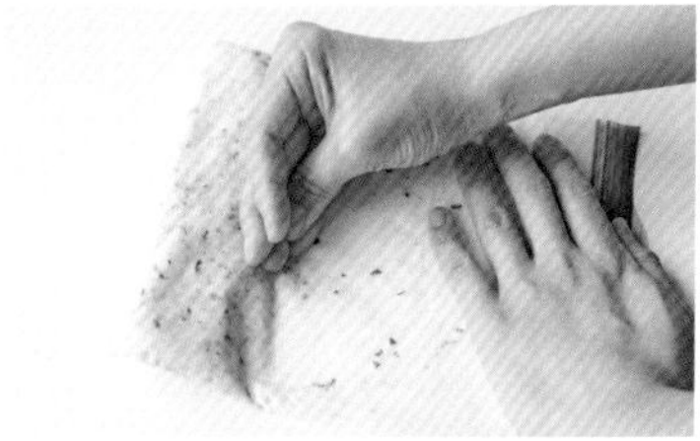

バターは常温にもどしてジッパー袋に入れ、袋の上からもんでやわらかくし、タイム、イタリアンパセリ、にんにくを加えてもみ込む。袋の底のほうに手で寄せて棒状にし、空気を抜いて口を閉じ、冷蔵庫に入れて1時間以上おいて冷やし固める。

/ 完成 \

\ こんな食べ方もおすすめ /

スクランブルエッグにして

材料（2人分）**と作り方**

1. 卵2個は溶きほぐす。

2. フライパンにハーブバター 10g を溶かし、1を流し入れてざっと混ぜ、半熟状になったら器に盛る。レモン少々を添え、搾りかけて食べる。

塩《しお》麹《こうじ》

うまみと甘みのある塩けが人気の塩麹は、家庭でも作れます。肉や魚の漬けだれとしてよく使われますが、炒めものや煮ものにひとさじ加えるだけでもおいしさがグッと増します。

材料

米麹（乾燥）……200g
塩……60g

食べごろ 1週間～10日後から
保存 冷蔵で3カ月
ジッパー袋 Mサイズ1枚

作り方

①

ジッパー袋に米麹を入れ、袋の上からもむようにしてほぐす。塩を加え、空気を入れて口を閉じ、袋を上下に数回ふってよく混ぜる。

▶

②

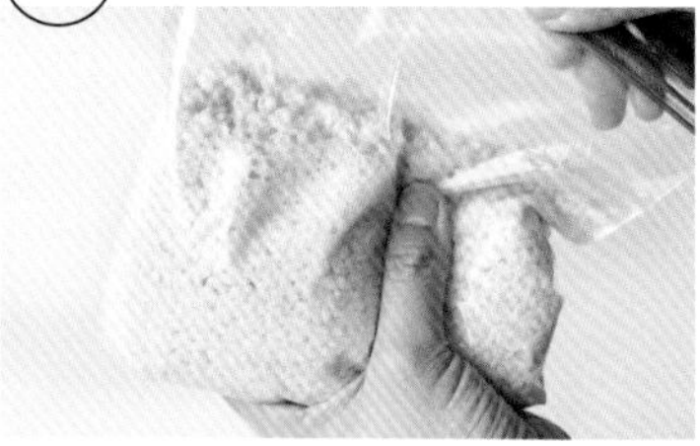

水1¼～1½カップを少しずつ加え、袋の上からもんで混ぜる。湿度などによって状態が変わるので、全体に水が行き渡るように水の量を調節する。

③

空気を抜いて口を閉じ、直射日光の当たらない冷暗所に置く。1日1回袋を少し開けて袋の上からもむ。表面が乾いていたら少量の水を足すとよい。1週間～10日ほどくり返し、米麹がやわらかくなったら完成。

完成

\ こんな食べ方もおすすめ /

- 鶏肉や豚肉、魚介を重量の10％程度の塩麹に漬け込み、焼いたり蒸したりして食べる。
- ご飯を炊く時に米2～3合につき大さじ1の塩麹を入れても。
  冷めてももっちりとおいしく食べられる。

塩麹を使って

さわらの塩麹漬け焼き

塩麹に漬けたさわらはうまみが増すだけでなく、
表面は香ばしく、中はしっとりと焼き上がります。

材料（2人分）

さわら …… 2切れ（約200g）
塩麹 …… 大さじ1
しし唐辛子 …… 6本

作り方

1. ジッパー袋（Mサイズ）にさわらを入れ、塩麹を加えてさわらにぬるようにして行き渡らせる。空気を抜いて口を閉じ、冷蔵庫に入れて8時間以上おく。

2. さわらの塩麹を軽くぬぐう。魚焼きグリルにさわらを入れ、弱火で7〜8分焼く。焼き上がる3〜4分前に、しし唐辛子に楊枝で穴を開けてから入れ、一緒に焼き上げる。

塩麹を使って

鶏ハム

淡泊な鶏胸肉もほどよいうまみと
やわらか食感に。
薄切りにして、サラダや
サンドイッチの具にして。

材料（２人分）

鶏胸肉 …… １枚（約 250g）
塩麹 …… 大さじ1と1/2

作り方

1.

鶏胸肉は皮を除き、皮のついていた面を下にして縦に置き、中央に切り込みを入れ、厚さが均一になるように左右に切り開く。

2.

フォークで全面に穴を開け、両面に塩麹をすり込む。

3.

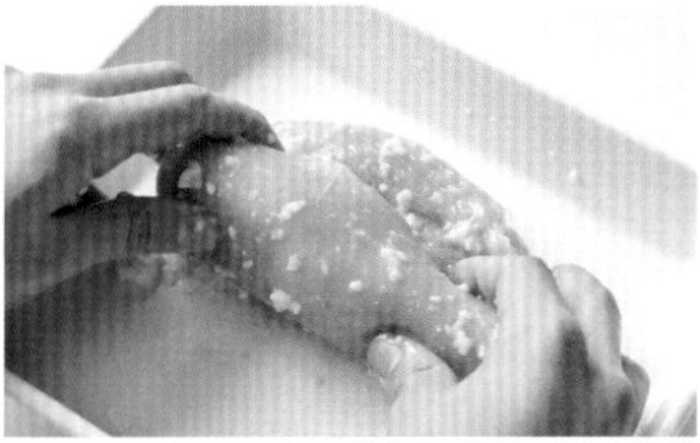

皮のついていた面を下にして横長に置き、手前からくるりと筒状に巻く。

4.

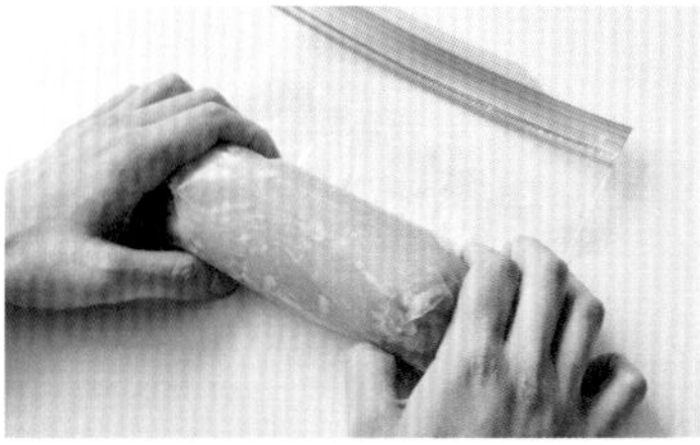

ジッパー袋（Mサイズ・耐熱温度 100℃以上）に入れ、空気をしっかりと抜いて口を閉じ、冷蔵庫に入れて 30 分～８時間おく。長くおくほうが味がしっかり浸透するので、好みの加減で。

5.

厚手の鍋に湯を３ℓ以上沸かし、火を止める。４を袋ごと入れてふたで袋の端をはさみ、そのまま３時間おいて余熱で火を通す。保存する場合は袋のまま冷蔵庫に入れ、３日ほどで食べきる。

秋・冬の手仕事

みそ

食べごろ　6カ月後から

保存　冷蔵で1年

ジッパー袋　Lサイズ2枚

みそは仕込んでから完成までに6カ月ほどかかるので大変そうに感じますが、仕込みの作業は1日あれば大丈夫。あとはときどきカビが生えていないかをチェックするだけです。手作りならではの香りのよさをぜひ楽しんでください。

材料（仕上がり量約 1.6kg）

米麹《こうじ》（生）……600g

大豆（乾燥）……300g

粗塩……165g

※ジッパー袋の内側をアルコールスプレーで消毒しておく。

◎ 生の米麹について

みそ屋や醸造元などで取り扱いがあり、通販（オンライン）できるところもあります。生の麹は傷みやすいので、仕込む日に合わせて購入し、使う日まで冷蔵庫で保存しましょう。手に入りにくいときは、乾燥麹でも作れます（p.48 参照）。

作り方

1 大豆を水につける

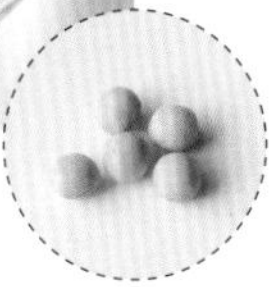

ボウルに大豆と水1.2ℓ（大豆の４倍量）を入れ、18 時間以上浸水させる。

▶

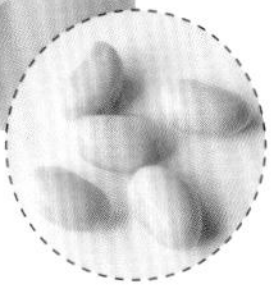

18 時間後。水をしっかり含んで、２倍ほどの大きさになっていればよい。ざるに上げて水けをきる。

2 大豆をゆでる

鍋に大豆を入れてかぶるくらいの水を注ぎ、強火にかける。

▶

沸騰したらアクを取り除き、弱火にして、ときどき混ぜながら３時間ほどゆでる。豆が水面から出ないように、途中で水が少なくなってきたら水を足す。

３時間ほどゆでたら1粒取り出し、親指と小指ではさんでつぶれるくらいにやわらかくなっていればよい。

大豆をざるに上げて汁けをきり（ゆで汁もとっておく）、手でさわれる程度の温度になったらジッパー袋に入れる。

3 大豆をつぶす

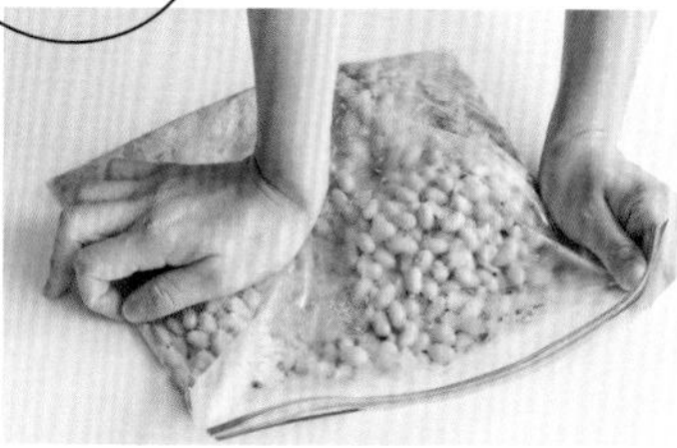

空気が抜けるようにジッパー袋の口を少しだけ開けて閉じ、体重をかけるようにして手のひらで押しながらつぶす。

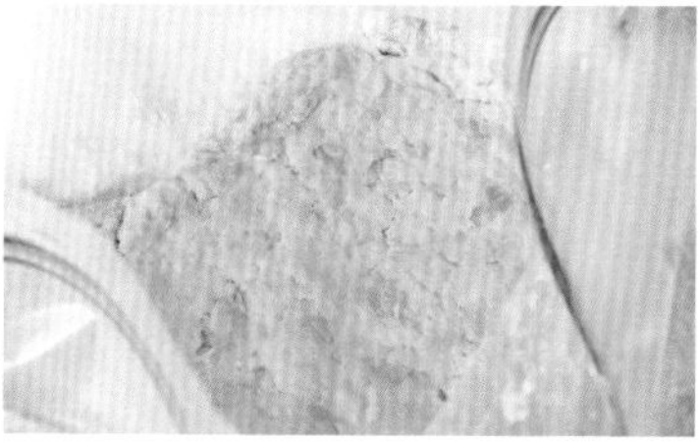

ほとんど粒がなくなるまで全体をつぶし、ペースト状にする。

4 米麹、塩、大豆を混ぜる

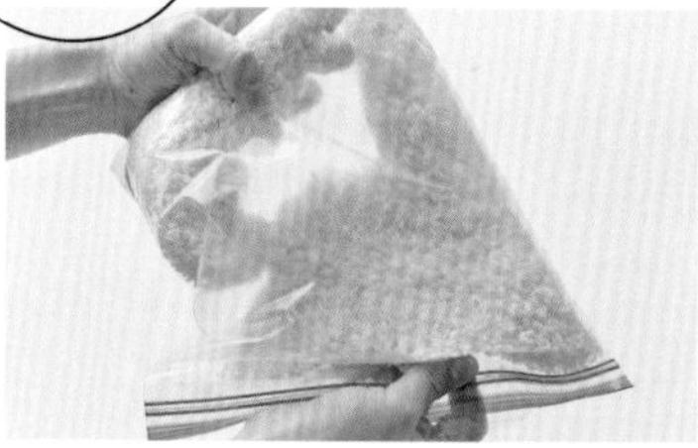

もう1枚のジッパー袋に米麹と粗塩を入れて、空気を抜かずにジッパー袋の口を閉じる。上下にふって全体をよく混ぜる。

つぶした大豆に、塩を混ぜた米麹を4～5回に分けて加え、その都度ギュッとにぎるようにして手でよく混ぜ合わせる。空になったジッパー袋はとっておく。

少しパサついた状態になるので、とっておいたゆで汁（3/4 カップ程度）を少しずつ加えてかたさを調整する。

▶

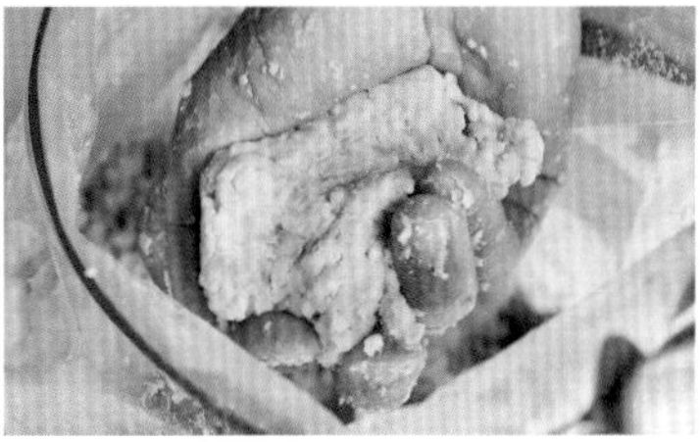

全体がなめらかになり、にぎってみて、ヒビが入らない程度の状態にする。

5 ジッパー袋に詰める

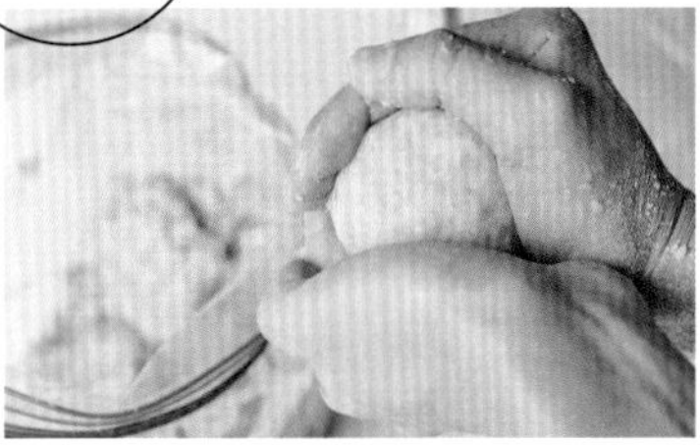

ひとにぎりずつボール状に丸め、ギュッとにぎって空気を抜く。

▶

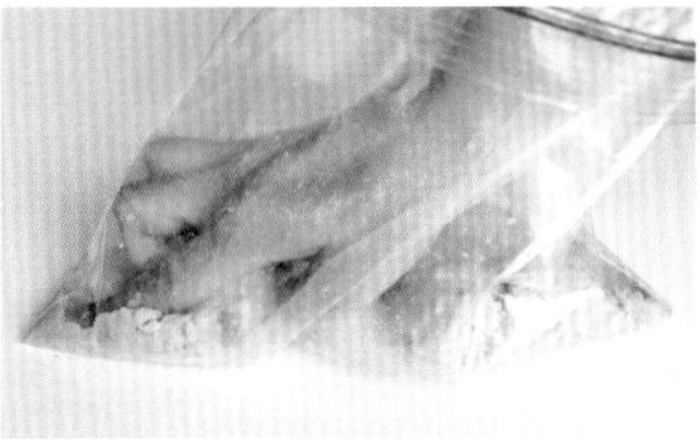

ジッパー袋に入れ、すき間に空気が入らないように、指先で端までしっかり詰める。残りも同様にして詰める。

全部詰めたら平らにし、しっかり空気を抜いて口を閉じる。直射日光が当たらない常温におき、熟成させる。月に一度はカビが発生していないか確認する。

（3 カ月後）

（6 カ月後）

完成

熟成が進むと、だんだん茶色が濃くなって色つやがよくなり、よい香りもし始める。味がこなれた6カ月後くらいから食べられる。

Q 仕込む時期はいつがいい？

A 1月下旬から節分までがベスト

1月下旬から節分（2月3日、4日）までを暦では大寒といい、一年の中でいちばん寒い時期です。発酵がゆっくりと進み、みそがおいしくでき上がるので、この時期に仕込むのがおすすめです。もし、大寒の間にできなくても、はじめての場合は、カビが発生しにくい寒い時期（11～2月）に挑戦してみてください。

Q 米麹は乾燥でもいい？

A 生の麹が入手できなければ乾燥麹でもOKです

乾燥麹でも作ることができます。スーパーマーケットでも販売されており、生麹よりも安く、常温で長く保存できます。生麹と同じ分量をジッパー袋に入れ、板状のものはほぐしてから使います。大豆のゆで汁を少し多く使って水分量を調節しましょう。

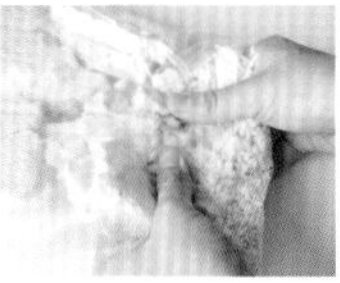

Q 置き場所はどこがいい？

A 直射日光の当たらない風通しのよい場所に

みそはゆっくりと発酵して熟成させたほうがおいしくなるので、直射日光が当たらず、温度変化の少ない場所に置きましょう。熟成させているのを忘れないために、よく目につく場所に置くことも大切です。

Q カビが発生したら？

A カビとそのまわりも取り除いて

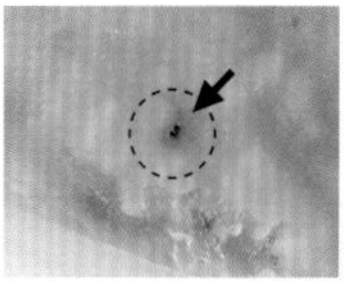

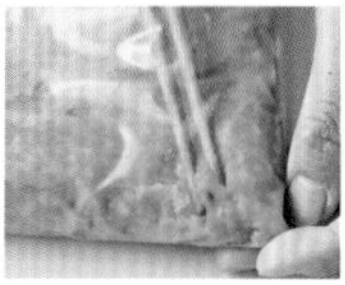

箸でカビとそのまわりを少し取り除けば大丈夫です。その後、アルコールで湿らせたペーパータオルで、カビに接していた袋の内側の部分をふいておきましょう。

Q 液体が出てきたら？

A うまみのもとなので混ぜ込んでOK

熟成が進むと、みそがやわらかくなり、表面にしょうゆのような液体がにじみ出てきます。これは「たまり」という、うまみのもとです。捨てずにみそに混ぜ込むようにしましょう。

Q 食べごろの見極めは？

A 仕込みから6カ月を過ぎたらあとは好みで判断を

仕込みから6カ月して香りがよくなったら、味見をしてみましょう。塩けを強く感じるようならもう少し熟成させて。時間の経過とともに色や味、風味が変化します。6カ月を過ぎて好みの味になったら発酵を抑えるために、冷蔵庫で保存しましょう。

みそ玉を作ってみよう！

みそ汁を1杯だけ作りたいときに重宝するみそ玉。
熱湯を注ぐだけで簡単にみそ汁が作れます。

保存 冷蔵で１週間、冷凍で1カ月

ジッパー袋 Sサイズ1袋

ねぎのみそ玉

材料（5個分）
みそ …… 大さじ5
削り節 …… 2〜3g
細ねぎの小口切り …… 3本分

作り方
材料を全部混ぜて5等分にして丸め、1つずつラップで包む。まとめてジッパー袋に入れて空気を抜いて口を閉じる。

※食べるときは、お椀に入れて熱湯 3/4 カップを注いで溶く。

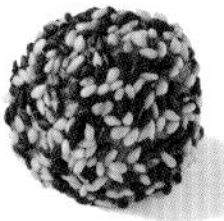

梅ごまのみそ玉

材料（5個分）
みそ …… 大さじ4と1/2
削り節 …… 2〜3g
梅干し（種を除いてたたく）
…… 2個
いりごま（白・黒）…… 各大さじ1

作り方
いりごま以外の材料を混ぜて5等分にして丸め、まわりにいりごまをまぶし、1つずつラップで包む。食べ方は、「ねぎのみそ玉」と同様に。

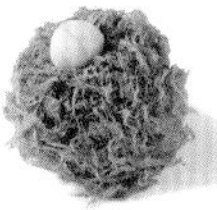

手まり麩ととろろ昆布のみそ玉

材料（5個分）
みそ …… 大さじ5
削り節 …… 2〜3g
手まり麩 …… 15 個
とろろ昆布 …… 5g

作り方
みそ、削り節、手まり麩 10 個は混ぜて5等分にして丸め、まわりにとろろ昆布をまぶす。残りの手まり麩を1個ずつ埋め込み、1つずつラップで包む。食べ方は「ねぎのみそ玉」と同様に。

白菜キムチ

いろいろな材料を加えて発酵させるので、コクのある辛さの中にも複雑なうまみが感じられ、食欲を刺激する白菜キムチ。漬けてから日がたつごとに、味わいの変化も楽しめます。

材料

白菜 …… 1/4 個（約 500g）
粗塩 …… 15g
キムチの素（ヤンニョム）
- 白玉粉 …… 4g
- だし汁 …… 1/2 カップ
- 粗びき唐辛子（韓国産）…… 大さじ1
- 粉唐辛子（韓国産）…… 大さじ1
- りんご …… 1/4 個
- しょうがのすりおろし …… 4g（1/4 片）
- にんにくのすりおろし …… 3g（1/2 片）
- いかの塩辛 …… 30g
- しょうゆ …… 大さじ 1/2
- はちみつ …… 小さじ2

にら …… 2本
にんじん …… 1/4 本
塩 …… ひとつまみ
砂糖 …… 大さじ 1/4

食べごろ 3 ～ 5 日後から
保存 冷蔵で1週間
ジッパー袋 Lサイズ 1 枚

◎ 唐辛子について

韓国産の唐辛子は辛みが強くなく、甘みがあるので、コクのある辛さの白菜キムチに仕上がります。スーパーマーケットの中華食材売り場などで販売されています。

作り方

1 白菜を塩漬けにする

白菜は一口大に切り、葉と軸に分ける。

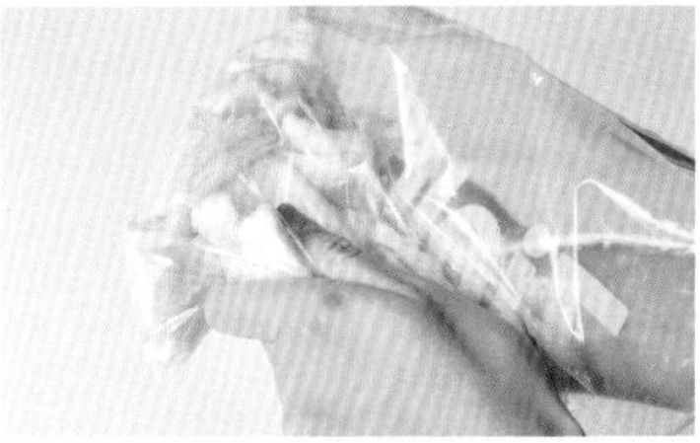

ジッパー袋に白菜の軸と粗塩 12g を入れて袋の口を閉じ、袋の上からよくもんで塩をなじませる。

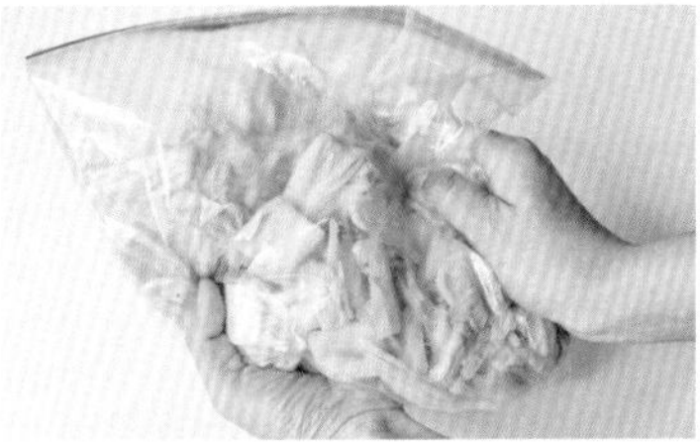

葉と残りの粗塩を加えて袋の口を閉じ、さらに袋の上からよくもんで全体に塩をなじませる。

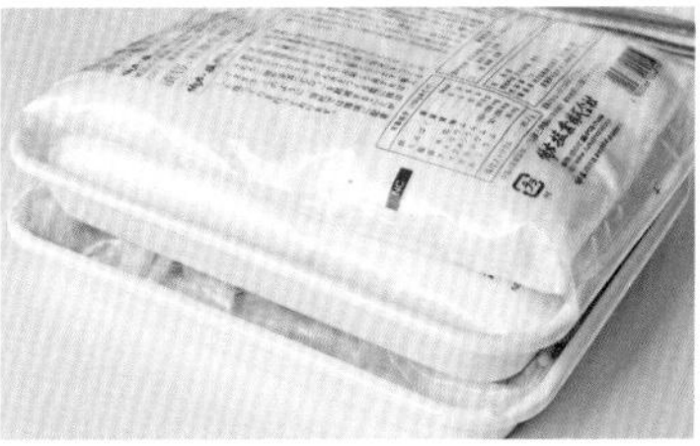

空気を抜いて口を閉じ、平らにしてバットにのせる。 2kg の重し（塩 2kgや水2ℓなど）をのせて約 20 分おく。

2 キムチの素を作る

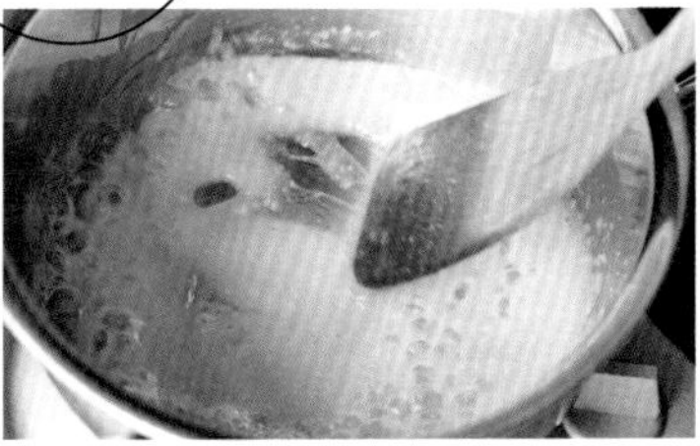

小さめのボウルに白玉粉と水 20mℓを入れ、よく混ぜる。鍋にだし汁を沸騰させ、溶かした白玉粉を加えて弱火にし、混ぜながらとろみがつくまで約3分煮る。

火を止めて粗びき唐辛子、粉唐辛子を加え、よく混ぜ合わせる。混ざったらボウルに移し、冷ます。

りんごは一口大に切る。フードプロセッサーに入れ、しょうが、にんにく、いかの塩辛、しょうゆ、はちみつも入れてふたをし、写真のようなペースト状になるまで攪拌する。

唐辛子のボウルに、フードプロセッサーにかけたペーストを加え、よく混ぜ合わせ、キムチの素を作る。

3 白菜の汁けを絞る

塩漬けにした白菜をひとつかみずつ、さらしか厚手のペーパータオルで包んで、両手でしっかり汁けを絞る。

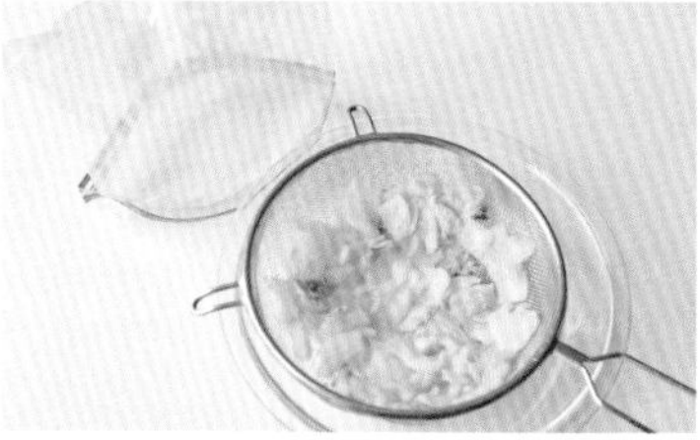

ざるにのせて広げる。白菜が入っていたジッパー袋はペーパータオルで汁けをふき、裏返して乾かしておく。

4 キムチの素に野菜を混ぜる

にらは3㎝長さに切る。にんじんはせん切りにし、塩、砂糖をふって手でもみ込む。

②のキムチの素に、にらとにんじんを加え、混ぜ合わせる。

5 塩漬け白菜と混ぜる

③のジッパー袋を表に返す。③の白菜をひとつかみずつ、さらしか厚手のペーパータオルで包んで再度汁けを絞ってから、ジッパー袋に入れる。そこへ④の野菜入りキムチの素を加える。

▶

袋の口を閉じ、袋の上から手でよくもみ込む。

空気を抜いて口を閉じ、平らにしてバットにのせる。1kgの重し（塩1kgや水1ℓなど）をのせて常温で3～5日おく。味見をして、うまみが増して少し酸味が感じられたら発酵している証拠。その後は冷蔵庫で保存する。

（漬けた直後）

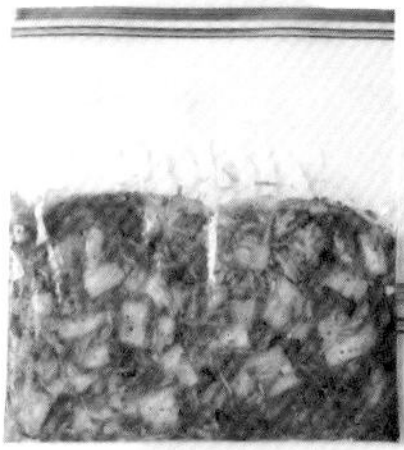

＼完成／

（3日後）

3日漬けると、見た目にも白菜にキムチの素がしみ込んでいるのが分かる。

Q **酸っぱいけど食べられる？**

A **炒めものや鍋ものなどの料理の材料として使って**

乳酸菌による発酵が進むと、キムチに酸味が出てきます。ほどよい酸味はおいしいですが、酸っぱくなりすぎた場合は、肉と一緒に炒めたり、汁ごとキムチ鍋にすると、酸味がやわらいでおいしく食べられます。

塩きのこナムル

ほどよい塩けにごまの風味がきいた、うまみたっぷりの副菜です。一口大に切った鶏肉と一緒にスープの具にしたり、チーズトーストのトッピングにしたりしても。

食べごろ 30分後から

保存 冷蔵で4～5日、冷凍で1カ月

ジッパー袋 Mサイズ1枚

※ジッパー袋は耐熱温度100℃以上のものを使用。

材料

エリンギ、えのきたけ、しめじ ― 各100g
粗塩 ― 小さじ1
いり白ごま ― 小さじ1
ごま油 ― 小さじ1
にんにくのすりおろし ― 少々

Q **きのこは何でもいいですか？**

A **ほかのきのこでもOK！**
好みのものを組み合わせて

きのこは2～3種類を組み合わせて使うとよりおいしくなります。上記のほか、しいたけ、まいたけ、マッシュルームなど、どんなきのこでもよく、好みのきのこを合わせて300gになるようにすればOKです。

作り方

1 きのこの下ごしらえをする

エリンギは四つ割りにしてから長さを半分に切る。えのきたけは石づきを除いて長さを半分に切り、ほぐす。しめじは石づきを除いてほぐす。

鍋にたっぷりの湯を沸かしてきのこを入れ、約2分ゆでる。ざるに上げて水けをきる。

2 ほかの材料を混ぜる

熱いうちにジッパー袋に入れ、粗塩、いり白ごま、ごま油、にんにくを加える。

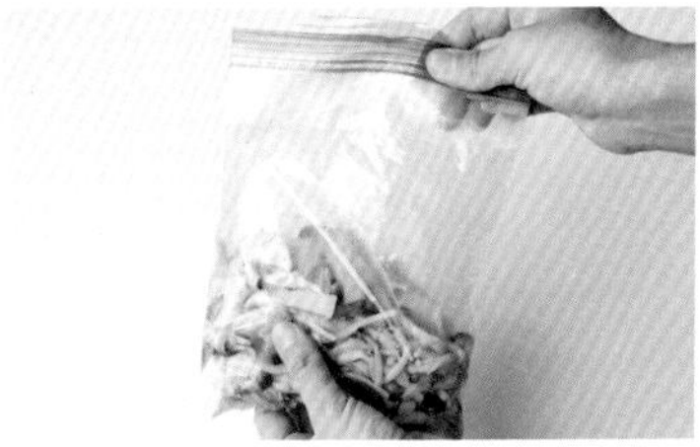

ジッパー袋の口を少しだけ開けて閉じ、袋の上からもむ。粗塩が全体になじんだら、空気を抜いて口を閉じ、30 分以上おく。

＼こんな食べ方もおすすめ／

卵とじにして

材料（2人分）**と作り方**

1. 卵2個は溶きほぐす。
2. フライパンにサラダ油小さじ2を中火で熱し、塩きのこナムル 100g を入れて炒める。汁けが少なくなってきたら1を加え、菜箸で大きく混ぜて卵にほぼ火が通ったら火を止める。

ザワークラウト

ドイツの伝統的な漬けもので、名前は「酸っぱいキャベツ」を意味しています。発酵により乳酸菌がたっぷりとれて体にうれしいザワークラウト。常備しておきたくなる一品です。

食べごろ 3～6日後から
保存 冷蔵で2～3週間
ジッパー袋 Lサイズ1枚

材料

キャベツ …… 500g
粗塩 …… 10g
赤唐辛子（種を除いたもの）…… 1本
ローリエ …… 1枚

Q **春キャベツでも作れますか？**

A **おいしく作れます。気温が低い時期がおすすめ**

春キャベツはやわらかく水分も出やすいので、発酵しやすいという利点があります。ただ、気温が高いとうまく発酵せずに腐敗してしまう可能性もあるので、なるべく寒い時期に作るのがおすすめです。

作り方

1

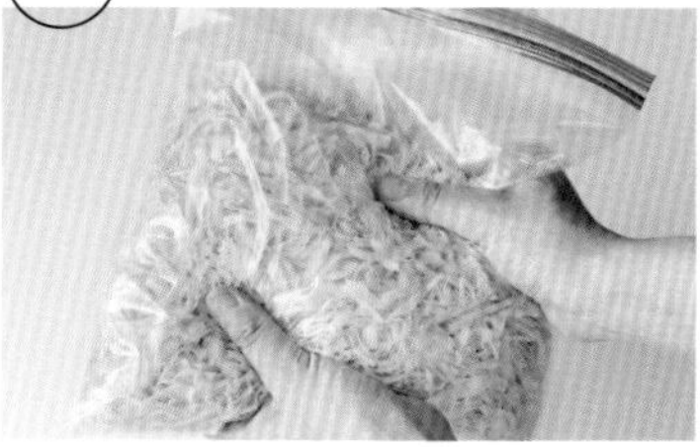

キャベツはせん切りにする。ジッパー袋に入れ、粗塩を全体に散らし、口を軽く閉じて袋の上からよくもんでなじませる。

▶

2

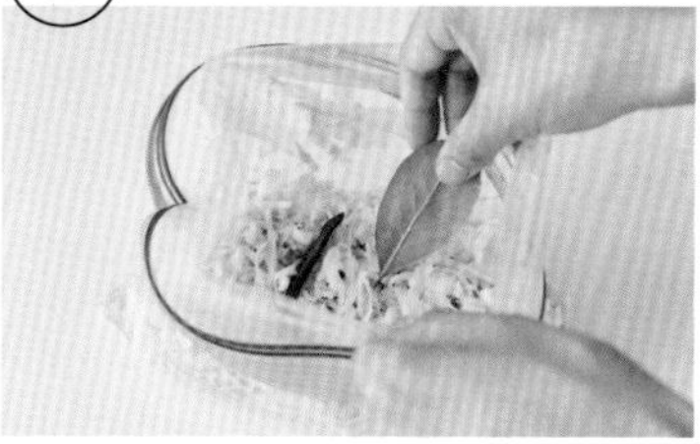

水大さじ2、赤唐辛子、ローリエを加え、袋の上からもんでなじませる。

3

平らにして空気を抜き、口を閉じる。バットにのせ、1kgの重し(塩1kgや水１ℓなど)をのせ、常温に３〜６日おく。

（仕込み完了）

＼完成／

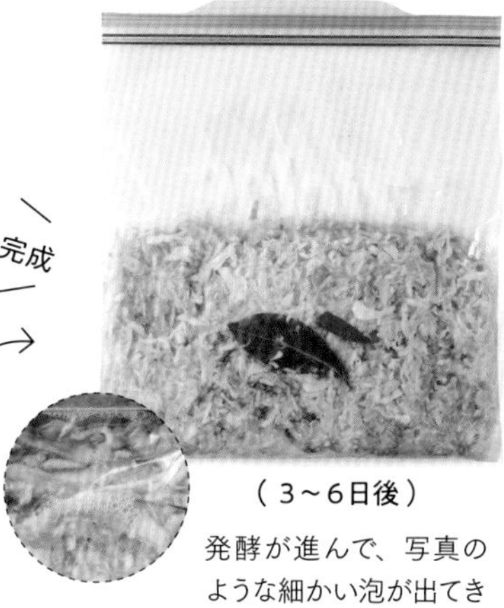

（３〜6日後）

発酵が進んで、写真のような細かい泡が出てきたら完成！

Q においがするけど大丈夫？

A 酸っぱいにおいなら心配いりません

発酵が進むと独特のにおいがしてきて、「失敗かも？」と不安になることも。酸っぱいにおいは乳酸発酵をしている証拠なので心配はいりません。見た目が緑色から黄色っぽくなり、水分が濁って泡が発生していたらうまく発酵しています。キャベツが茶色くなっていたり、不快なにおいがする場合は、失敗の可能性があります。

＼こんな食べ方もおすすめ／

- 肉料理のつけ合わせに。
- 玉ねぎ、ベーコンと一緒に炒め、水を加えて煮て、塩、こしょうで調味してスープに。

ぶどうのみりんマリネ

果汁をたっぷり含んだ大粒の巨峰やピオーネを使うのがおすすめ。マリネ液が紫色になって、素敵な色合いです。さっぱりとした甘みで、おもてなしにも。

食べごろ 1時間後から
保存 冷蔵で1～2日
ジッパー袋 Mサイズ1枚

材料

ぶどう —— 1房（20～30粒）
みりん（煮きったもの）—— 大さじ2
レモン汁 —— 小さじ1

作り方

1. ぶどうは1粒ずつ下のほう（なり口でないほう）から皮をむく。そうすると皮が薄くスッとむける。

2. ジッパー袋に入れ、みりん、レモン汁、水大さじ2を入れて軽く混ぜる。空気を抜いて口を閉じ、冷蔵庫に入れて1時間以上おき、よく冷やす。

いちじくのバルサミコマリネ

いちじくの濃厚な甘みに、さらにコクのある甘みと酸味をプラスした、味わい深い大人のデザートです。とろりとした食感がたまりません。

食べごろ 1時間後から
保存 冷蔵で1日
ジッパー袋 Mサイズ1枚

材料

いちじく …… 4個
バルサミコ酢 …… 大さじ2
はちみつ …… 小さじ4
オリーブ油 …… 小さじ4

作り方

1. いちじくは6等分のくし形切りにし、皮をむく。
2. ジッパー袋に、バルサミコ酢、はちみつ、オリーブ油を入れて混ぜ合わせ、①を加える。空気を抜いて口を閉じ、冷蔵庫で1時間以上よく冷やす。食べるときに、あればチャービルを添える。

レモン醤《ジャン》

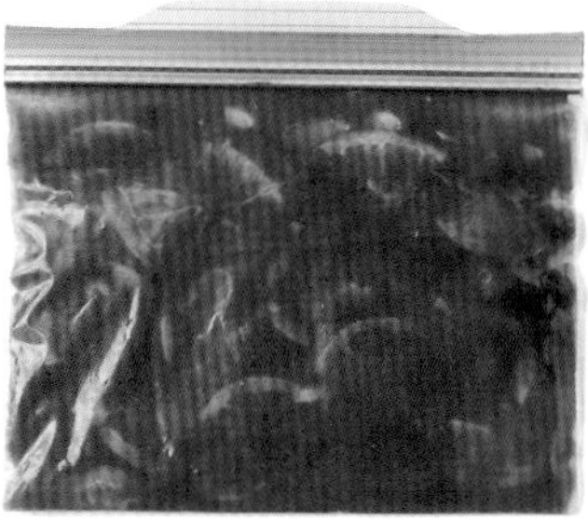

甘辛みそ味にレモンのさわやかさが加わって、濃厚な味ながらもさっぱりとしています。国産のレモンが出回る冬にぜひ作ってみて。

食べごろ 8時間後から

保存 冷蔵で1週間

ジッパー袋 Sサイズ1枚

材料

レモン（国産）…… 1個

コチュジャン …… 大さじ4

作り方

1. レモンは皮をよく洗い、薄いいちょう切りにする。
2. ジッパー袋にコチュジャン、①を入れ、袋の上から軽くもむ。空気を抜いて口を閉じ、冷蔵庫で8時間以上おく。

こんな食べ方もおすすめ

蒸しものにつけて

食べやすく切った野菜や豚肉の薄切りなどを蒸し、レモン醤をつけだれに。

ほかにも！

- よせ鍋や湯豆腐など、鍋料理の薬味に。
- 豚薄切り肉と好みの野菜をごま油で炒めて、レモン醤としょうゆで調味しても。

ねぎの中華オイル漬け

しっかりと焼いているから長ねぎの甘みが感じられ、香ばしいごま油の風味があとをひきます。そのままおつまみ感覚で食べたり、切ってあえものに使っても。

食べごろ 15 分後から

保存 冷蔵で３日

ジッパー袋 Mサイズ１枚

※ジッパー袋は耐熱温度 100℃以上のものを使用。

材料

長ねぎ …… ３本
ごま油 …… 大さじ３
塩 …… 小さじ 1/3

作り方

1. 長ねぎは５㎝長さに切る。魚焼きグリルを中火で熱して長ねぎを並べ入れ、やわらかくなるまで約7分焼く。

2. 熱いうちにジッパー袋に入れてごま油、塩を加え、全体になじませる。粗熱がとれたら、空気を抜いて口を閉じ、冷蔵庫に入れて 15 分以上おく。食べるときに、いり白ごま適量をふる。
※フライパンで焼く場合は、ごま油大さじ１を中火で熱して長ねぎを転がしながら約５分焼く。ごま油大さじ２と塩小さじ 1/3 で上記と同様に作る。

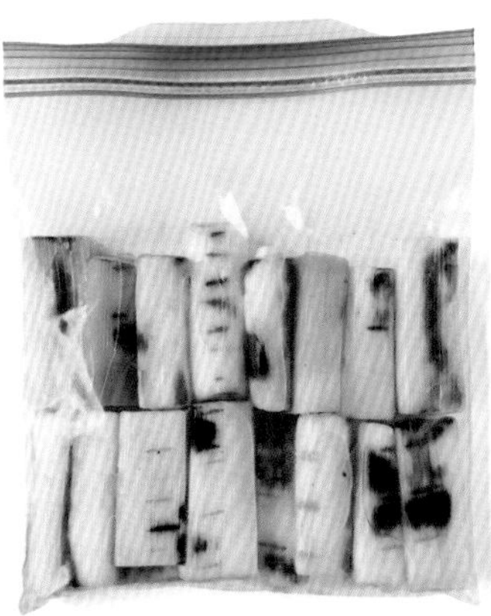

こんな食べ方もおすすめ

斜め薄切りにし、蒸してさいた鶏ささ身と混ぜたり、細切りのきゅうり、ゆでた中華麺と混ぜたりしても。

ジンジャーシロップ

たっぷりのしょうがで作ったシロップは、控えめな甘さにしょうがのすっきりとした辛みがマッチしています。寒い季節にはホットドリンクで楽しんで。

食べごろ 8時間後から

保存 冷蔵で3～4日

ジッパー袋 Mサイズ1枚

材料

しょうが …… 400g
きび砂糖 …… 100g
はちみつ …… 大さじ4
レモン汁 …… 大さじ2と1/2
赤唐辛子（種を除いたもの）…… 2本
黒粒こしょう …… 20粒
シナモンスティック …… 1本

作り方

①

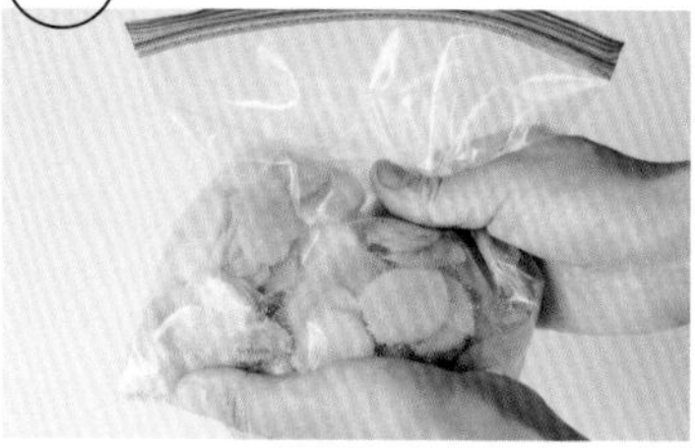

しょうがは皮をむき、繊維を断ち切るようにしてごく薄く切る。ジッパー袋に入れてきび砂糖を加え、袋の上からよくもんで、なじませる。

▶

②

はちみつ、レモン汁、赤唐辛子、黒粒こしょう、シナモンスティックを加え、さらにもみ込む。全体になじんだら、空気を抜いて口を閉じ、常温に約8時間おく。

ホットジンジャー

熱湯を注ぐとしょうがの香りが
立ちのぼります。

材料（1杯分）**と作り方**

1. 耐熱性のカップに、ジンジャーシロップ大さじ3（好みで、シロップ漬けのしょうがを加えても）を入れ、熱湯1/2～3/4カップを注ぎ、さっと混ぜる。

※夏には、冷たい炭酸水で割って、ジンジャーエールにしてもおいしい。

ジンジャー
スパイスチャイ

牛乳ベースにきりりと
スパイスをきかせて。

材料（2杯分）**と作り方**

1. 小鍋に水1/2カップを入れて中火にかけ、沸騰したら紅茶の茶葉大さじ2、シナモンパウダー小さじ1を入れて弱火で約2分煮る。

2. ジンジャーシロップ大さじ3（好みで、シロップ漬けのしょうがを加えても）、牛乳3/4カップを加えて中火にし、沸騰直前まで温めて火を止める。茶こしを通してカップに注ぐ。

※シナモンパウダーと一緒に、好みでカルダモンパウダー小さじ1/4、クローブパウダー小さじ1/4を加えるとより本格的な味に。

甘酒

米麹とお湯を混ぜて保温するだけで、砂糖を使っていないのに、まったりとした甘さを楽しめます。アルコール分０％だから、子どものおやつにもおすすめ。

食べごろ 8～10 時間後から

保存 冷蔵で１週間、冷凍で１カ月

ジッパー袋 Ｍサイズ１枚

※ジッパー袋は耐熱温度 100℃以上のものを使用。

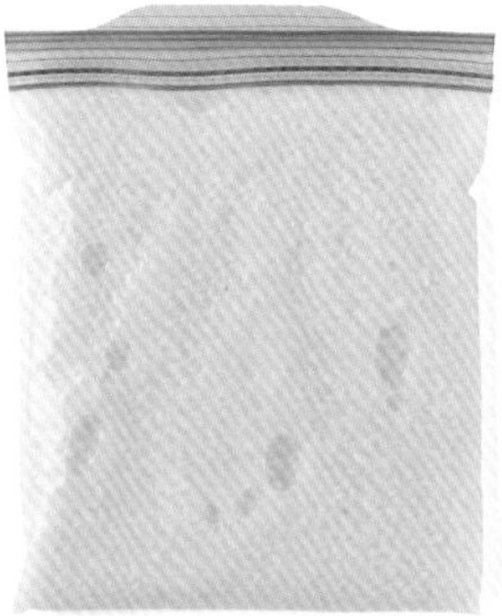

材料

米麹（生）…… 200g

60℃の湯 …… ２カップ

※生麹の代わりに乾燥麹 200g でも作ることができる。湯の温度は温度計で測る。

作り方

1 米麹と湯を混ぜる

炊飯器を保温に設定し、内釜の底にふきんを敷く。ジッパー袋の口を広げて置き、米麹、60℃の湯を入れ、水分が行き渡るように袋の上からもむ。

2 炊飯器で保温する

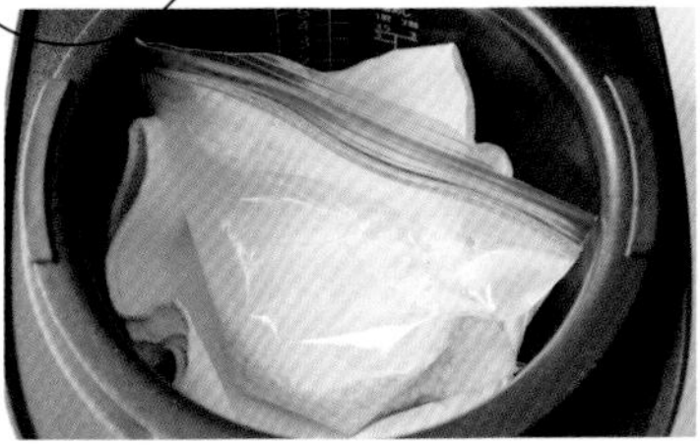

袋の口を少しだけ開け、炊飯器のふたを開けたまま8～10時間おく。

▶

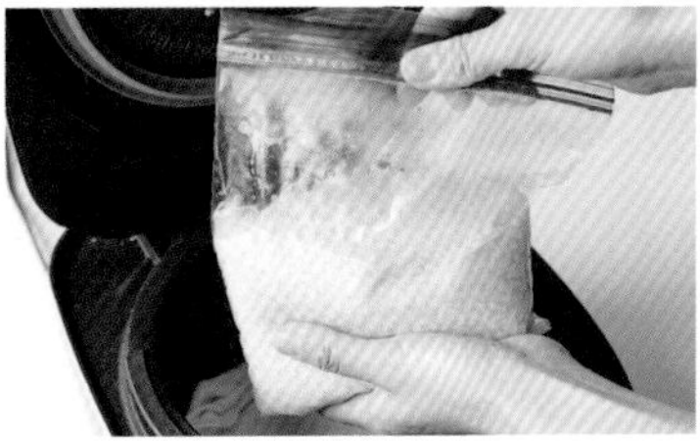

途中で何度か袋の上からもむようにして混ぜる。

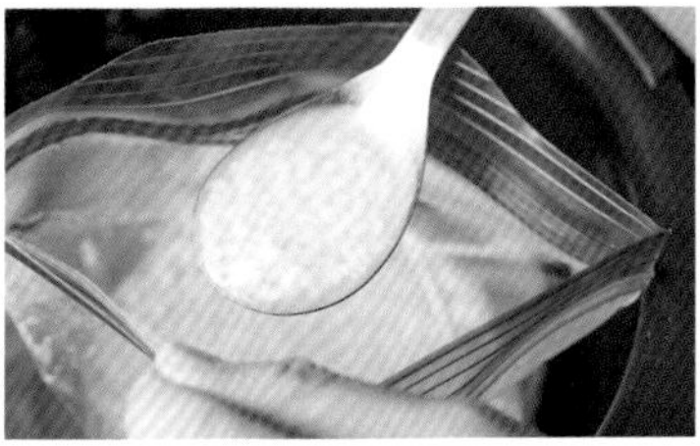

麹の甘い香りが漂い、スプーンですくってみてとろりとしていれば完成。そのままはもちろん、牛乳や豆乳で割ってもおいしい。その場合は、甘酒と1：1で合わせるのが目安。

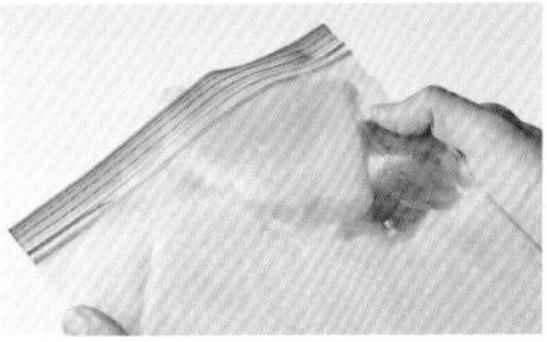

冷凍保存がおすすめ

ジッパー袋ごと平らにして冷凍し、板状にしておくと扱いやすい。完全には凍らないので、使いたい分だけ手で折り取ることができる。

＼こんな食べ方もおすすめ／

いちご甘酒アイスにして

材料（3～4人分）**と作り方**

1. いちご60gはヘタを取ってミキサーに入れ、甘酒120g、生クリーム1/4カップを加え、なめらかになるまで攪拌する。

2. ジッパー袋（Mサイズ）に入れ、口を閉じ、冷凍庫に2時間ほど入れて凍らせる。取り出してよくもみほぐし、再度2時間冷凍する。もみほぐして器に盛る。好みでいちごとミントを添えても。

column

ジッパー袋のおかげで毎日の食事も充実しています

部屋いっぱいに広がる季節の香り。旬を感じながらの手仕事は、気持ちを豊かにしてくれるので、もともと好きなことでした。けれど、料理を仕事にする前の私は会社員だったこともあり、「忙しくて難しいかな」と、二の足を踏むこともたびたびありました。

その後、料理家として仕事を始めて、気軽に季節の保存食を作れないかと試行錯誤をしていたのですが、数年前、梅の塩漬けのときに、ジッパー袋を使えば気軽にできると実感することに。少量でも作れて特別な容器を用意しなくてもいい。梅に塩がまんべんなく行き渡り、梅酢にも浸りやすいなど、ジッパー袋を使ったからこそうまく仕上げることができたのです。それをきっかけに、ジッパー袋でいろいろな食材を試すように。梅シロップも、ぬか床も、みそも！　今では季節の保存食は、ジッパー袋を使えば、思い立ったらすぐにできる、気軽に楽しめるものになりました。

ジッパー袋を保存食作りに活用するうちに、毎日のおかず作りにももっと使えるのでは、と考えるようになりました。時間のあるときに、ジッパー袋にメイン料理の材料を仕込んでおけば、忙しい日の夕食の準備がとてもラクに。味がしっかりしみ込んでうまみも増しているから、間違いなくおいしいのです。

今は夫との２人暮らしでお互いに忙しいですが、２人での食事の時間は大切にしています。作る時間をかけられない日も、季節の保存食や、仕込んでおいたおかずで充実した献立になっています。

ジッパー袋でおいしくなる
毎日のおかず

食べ方のアレンジを楽しめる
塩レモンチキンや塩豚。
そのまま炒めたり、焼くだけでおいしい
タンドリーチキンやプルコギ。
ほかにも、味たまや昆布じめなど、
ジッパー袋で作るからこそおいしくなる
多彩なおかずが勢ぞろいしました。

塩レモンチキン

砂糖で鶏肉をやわらかくし、塩で味を引き締め、レモンですっきりとしたさわやかさをプラスします。下味がしっかりついているから、加熱するだけでメインディッシュが簡単に作れます。

食べごろ 8時間後から

保存 冷蔵で3日、冷凍で1カ月

ジッパー袋 Lサイズ1枚

仕込み完了!

材料

鶏もも肉 …… 2枚（約500g）
レモン …… 1個
砂糖 …… 大さじ1
塩 …… 小さじ1

作り方

1

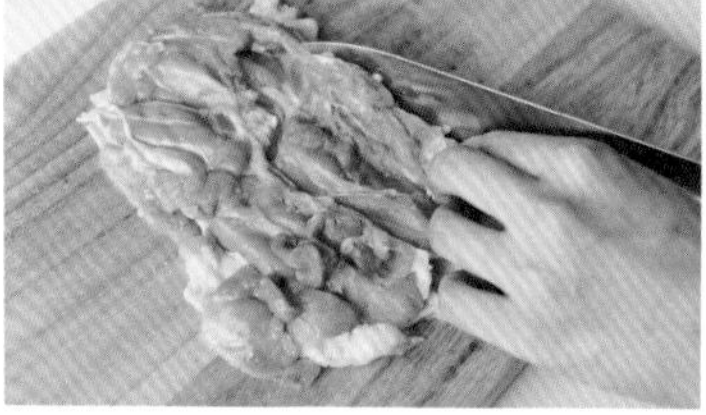

レモンは皮をよく洗って薄い輪切りにする。鶏もも肉の皮目にフォークを刺してまんべんなく穴を開け、上下を返して厚い部分に切り目を入れ、味をしみ込みやすくする。

▶

2

ジッパー袋に①の鶏肉を入れ、砂糖を加えて袋の上からよくもみ込む。砂糖が溶けたら、塩、レモンを鶏肉の両面に散らすように加えてさらにもみ込む。塩がなじんだら空気を抜いて口を閉じ、冷蔵庫で8時間以上おく。

塩レモンチキンを使って

塩レモンチキングリル

しっかり焼きつけた皮目の香ばしさに
くったりとしたレモンの穏やかな酸味を添えて。

材料（2人分）

塩レモンチキン …… 2枚
塩レモンチキンのレモン …… 全量
オリーブ油 …… 大さじ1

※塩レモンチキンは焼く30分ほど前に冷蔵庫から出しておく。

作り方

1. フライパンにオリーブ油を弱めの中火で熱し、チキンを皮目を下にして入れる。フライ返しで押さえながら約2分焼き、フライ返しをはずして約2分30秒焼く。

2. 上下を返して空いているところにレモンを加え、約3分焼く。チキンは半分に切ってレモンとともに器に盛る。

塩レモンチキンを使って

塩レモン蒸し鶏

ふっくらとしてやわらかく、
すがすがしいさっぱりとした味わいがうれしい。

材料（２人分）

塩レモンチキン …… ２枚
塩レモンチキンのレモン …… 全量
かぶ …… １個
酒 …… 1/4 カップ

作り方

1. かぶは 2㎝ほど茎を残して皮をむき、八つ割りにする。耐熱皿に並べてラップをふんわりとかけ、電子レンジで約1分加熱する。
2. フライパンにチキンを皮目を下にして入れ、レモンをのせる。空いているところにかぶを並べる。酒、水 1/2 カップを加えてふたをし、強めの中火にかける。煮立ったら弱火にして約４分蒸し煮にし、上下を返してふたをし、さらに約２分蒸し煮にする。火を止め、粗熱が取れるまでそのままおく。
3. チキンは食べやすく切り分ける。器に盛り、レモンとかぶを添える。

塩レモンチキンを使って

塩レモンから揚げ

薄力粉と片栗粉の二重づけで、表面はからり、
中はふっくら。揚げてもさわやかな風味が漂います。

材料（2人分）

塩レモンチキン …… 1枚
薄力粉 …… 大さじ1
片栗粉 …… 大さじ2
揚げ油 …… 適量

作り方

1. チキンは一口大に切り、薄力粉をもみ込む。皮で肉を包むように丸めながら片栗粉をまぶす。

2. フライパンに揚げ油を約1㎝深さに入れて180℃に熱し、1を入れる。さわらずに約3分揚げる。上下を返して約2分揚げ、ときどき返しながらさらに約1分揚げ、取り出して油をきる。

3. 器に盛り、好みでレモンのくし形切り、サニーレタスを添える。

塩豚

豚バラ肉に塩をまぶして熟成させることで肉のうまみが引き出され、おいしさが格段にアップします。粗塩だけのシンプルな下味だから、幅広く活用できます。

食べごろ 3日後から
保存 冷蔵で5日、冷凍で1カ月
ジッパー袋 Lサイズ1枚

材料
豚バラかたまり肉……500g
粗塩……小さじ1と1/2

作り方

1

豚肉はペーパータオルで水けをふき取り、粗塩をまんべんなくすり込む。

▶

2

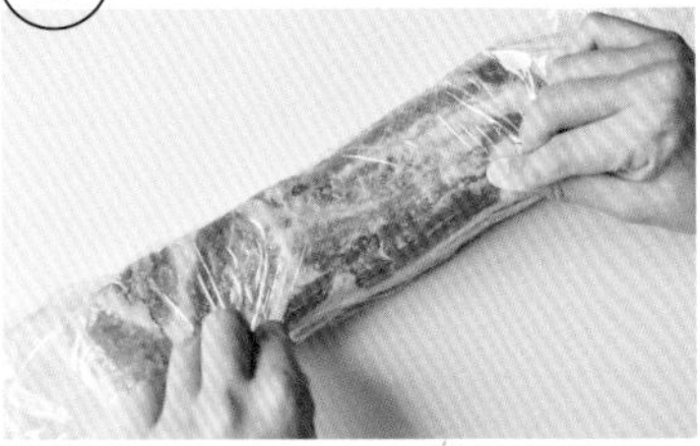

ラップでぴっちりと包んで、ジッパー袋に入れる。空気を抜いて口を閉じ、冷蔵庫に3日間おいて熟成させる。

＼仕込み完了!／

塩豚を使って

塩豚グリル

カリッと焼けた香ばしさがたまらない。
好みの葉野菜でキムチと一緒に巻いてどうぞ。

材料（２人分）

塩豚 …… 250g
サラダ菜、青じそ、白菜キムチ
…… 各適量

作り方

1. 塩豚は1㎝厚さに切る。
2. 油をひかずにフライパンを中火で熱し、塩豚を並べ入れる。約2分30秒焼き、上下を返してさらに約2分30秒焼く。
3. 器に、サラダ菜、青じそ、白菜キムチとともに盛り合わせる。

塩豚を使って

ゆで塩豚

10分ゆでたら、あとは余熱で火を通すから、
しっとりとやわらか食感の塩豚に。

材料（２人分）

塩豚 …… 250g
豆苗 …… 1パック
いり白ごま …… 小さじ2
ポン酢しょうゆ …… 適量

ゆで汁でスープもおいしい

残ったゆで汁を塩で調味すれば、うまみたっぷりのスープに。器に盛り、白髪ねぎと粗びき黒こしょうを加えて。

作り方

1. 塩豚は長さを半分に切る。厚手の鍋に入れ、かぶるくらいの水（1ℓ程度）を入れ、強めの中火にかける。沸騰したらアクを除き、弱火にして約10分ゆでる。途中で、豆苗をゆでる。豆苗は根元を切り落とし、鍋に入れてさっとゆでて取り出す。火を止め、ふたをして塩豚をそのままおき、粗熱をとる。

2. 塩豚は1cm厚さに切る。器に豆苗とともに盛り、いり白ごまを散らして、ポン酢しょうゆをかける。

塩豚を使って

塩豚の豚汁

薄切り肉を使うよりも存在感があるから、
これ一品で食べごたえのあるおかずに。

材料（2人分）

塩豚 …… 125g
大根 …… 5㎝
にんじん …… 1/4 本
長ねぎ …… 10㎝
だし汁 …… 2と1/2 カップ
ごま油 …… 小さじ1
みそ …… 大さじ1と1/2
七味唐辛子 …… 適量

作り方

1. 大根は5㎜厚さのいちょう切りにし、にんじんは3㎜厚さの半月切りにする。長ねぎは縦半分に切って端から薄切りにする。塩豚は一口大に切る。
2. 鍋を中火で熱し、塩豚を入れて焼き、両面に焼き色がついたら火を止めて取り出す。
3. 鍋の余分な脂をペーパータオルでさっとふき取る。ごま油を入れて中火で熱し、大根、にんじんを炒め、大根に透明感が出てきたらだし汁を加え、塩豚を戻し入れる。煮立ったら弱めの中火にし、具材がやわらかくなるまで約7分煮る。火を止めて、みそを溶き入れる。
4. 椀に盛って長ねぎをのせ、七味唐辛子をふる。

絶品味たま

味がしっかりしみた白身と、ねっとりとしてコクが増した黄身のコラボがたまりません。漬け込む日数で味や食感が少しずつ変化するのも楽しみです。

食べごろ 1日後から

保存 冷蔵で3日

ジッパー袋 Mサイズ1枚

材料

卵（冷蔵庫で冷えているもの）…… 6個

酒、みりん …… 各小さじ2

しょうゆ …… 大さじ2

だし汁 …… 75mℓ

作り方

1. 小さめの耐熱ボウルに酒、みりんを入れ、ラップをかけずに電子レンジで約1分加熱してアルコール分を飛ばし、冷ます。
2. 鍋にたっぷりの湯を沸かす。おたまを使って卵を1個ずつ静かに入れ、8分ゆでる（右ページのようなアレンジ料理に使う場合は10分ゆでる）。氷水に入れて数分冷やし、水の中で殻をむく。
3. ジッパー袋に②、①、しょうゆ、だし汁を入れ、空気を抜いて口を閉じ、冷蔵庫に入れて1日以上おく。漬け込む間、何度か上下を返す。

絶品味たまを使って

味たま入りポテトサラダ

味たまのうまみがアクセントになって、
おつまみ感覚で食べられるポテトサラダです。

材料（4人分）

絶品味たま …… 2個
じゃがいも …… 2個（約300g）
きゅうり …… 1/2本
玉ねぎ …… 1/4個
塩 …… 少々
マヨネーズ …… 大さじ3
いり白ごま …… 適量

作り方

1. じゃがいもは皮つきのまま洗い、水けがついたままラップで包んで、電子レンジで約3分30秒加熱する。上下を返してさらに約3分加熱する。ぬらしたふきんを使ってじゃがいもが熱いうちに皮をむき、ボウルに入れてフォークで粗くつぶす。

2. きゅうりは薄い輪切りにし、塩をふってもみ、しんなりしたら汁けを絞る。玉ねぎは横半分に切ってから縦薄切りにして水に約3分さらし、水けをしっかりきる。絶品味たまは粗く刻む。

3. 1にマヨネーズを加えてよく混ぜてから、2を加える。器に盛り、いり白ごまをふる。

タンドリーチキン

ヨーグルトの酸味とカレーの辛みがきいたパンチのあるメインおかず。焼いたときの香りもよく、食欲を刺激します。お弁当にも便利！

食べごろ 8時間後から

保存 冷蔵で3～4日、冷凍で2週間

ジッパー袋 Mサイズ1枚

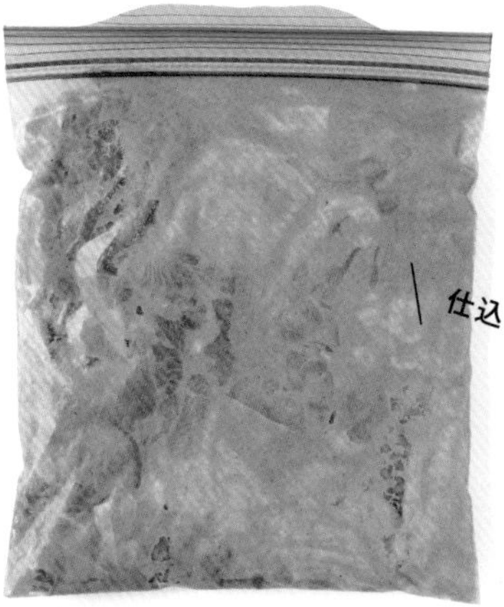

仕込み完了！

材料

鶏もも肉 …… 2枚（約500g）
塩 …… 小さじ1/2
こしょう …… 少々
にんにくのすりおろし …… 1片分
プレーンヨーグルト …… 大さじ3
トマトケチャップ …… 大さじ1
カレー粉 …… 大さじ1

作り方

①

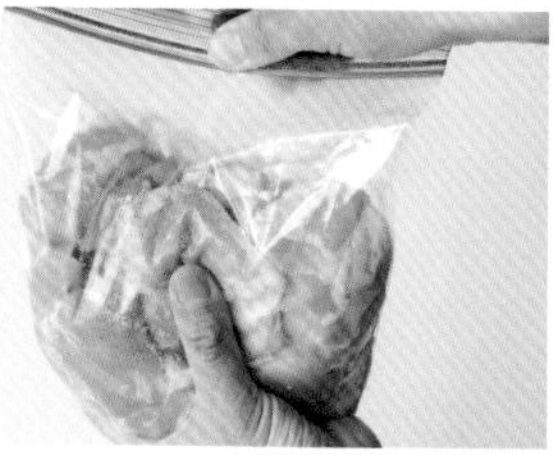

鶏もも肉は一口大に切ってジッパー袋に入れ、塩、こしょうを加えて袋の上からもみ込む。

②

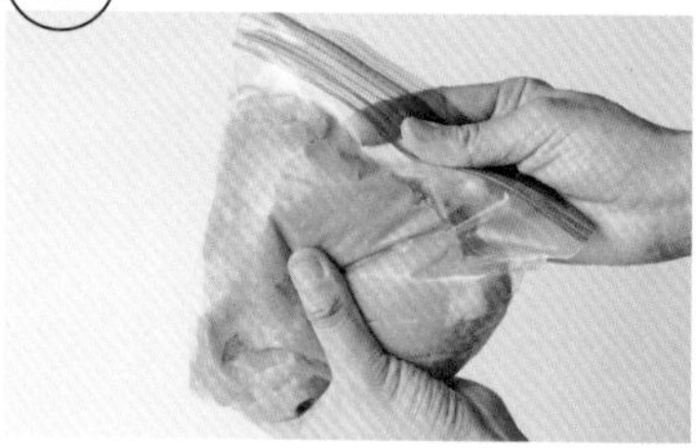

にんにく、ヨーグルト、ケチャップ、カレー粉を加え、さらに袋の上からもんでまんべんなくなじませる。空気を抜いて口を閉じ、冷蔵庫に入れて8時間以上おく。

＼ 食べるときは ／

フライパンにオリーブ油大さじ1を中火で熱し、「タンドリーチキン」は漬けだれを軽くぬぐって皮目を下にして入れ、約3分焼く。焼き目がついたら上下を返し、ふたをして弱火にし、約６分蒸し焼きにする。器にグリーンリーフ２～３枚と一緒に盛り合わせる。

プルコギ牛肉

韓国料理の定番肉料理が、コチュジャンなどの特別な調味料を使わず手軽に作れます。漬け込むことで味がしみ込んで、ご飯に合うしっかり味に。

食べごろ 15分後から

保存 冷蔵で1～2日、冷凍で2週間

ジッパー袋 Mサイズ1枚

材料

牛切り落とし肉 …… 200g
玉ねぎ …… 1/2個
ピーマン …… 2個
にんにくのすりおろし …… 小さじ1/2
しょうゆ …… 大さじ1と1/2
酒、ごま油 …… 各大さじ1
砂糖 …… 小さじ2
一味唐辛子 …… 小さじ1/4

仕込み完了!

作り方

①

玉ねぎは縦5㎜幅に切り、ピーマンは種とヘタを除いて縦5㎜幅に切る。ジッパー袋に牛肉とともに入れる。

▶

②

にんにく、しょうゆ、酒、ごま油、砂糖、一味唐辛子を混ぜてから加え、袋の上からよくもみ込む。空気を抜いて口を閉じ、冷蔵庫に入れて15分以上おく。

＼ 食べるときは ／

フライパンに漬けだれごと「プルコギ牛肉」を入れて中火にかけ、汁けがほぼなくなるまで炒める。器に盛り、いり白ごま適量を散らす。

かじきの ハーブオイル漬け焼き

魚とよく合うディルと、穏やかな酸味の白ワインビネガーを使って、すっきりとした風味に。ワインにもよく合うので、おもてなしにも向いています。

食べごろ 8時間後から

保存 冷蔵で1日、冷凍で2週間

ジッパー袋 Mサイズ1枚

材料

かじき …… 2切れ
塩 …… 小さじ1/4
こしょう …… 少々
玉ねぎ …… 1/2個
にんにく …… 1片
オリーブ油 …… 大さじ3
白ワインビネガー …… 大さじ3
ディル …… 2枚

仕込み完了!

作り方

①

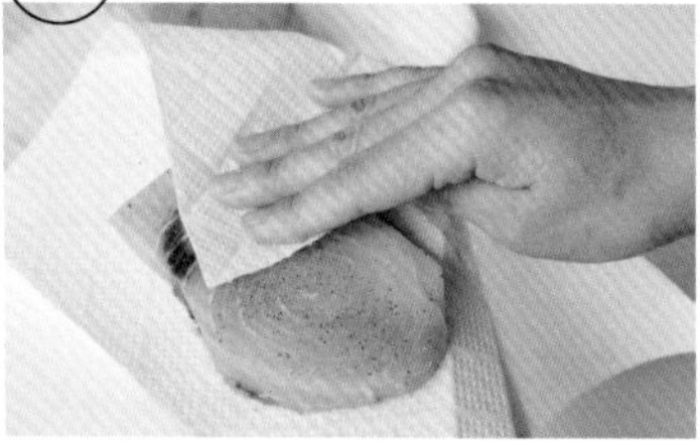

かじきに塩、こしょうをふり、約5分おいて臭みを抜き、ペーパータオルで水けをふき取る。玉ねぎ、にんにくは縦薄切りにする。

②

ジッパー袋に①、オリーブ油、白ワインビネガー、ディルを入れ、全体になじませる。空気を抜いて口を閉じ、冷蔵庫に入れて8時間以上おく。

食べるときは

フライパンを中火で熱し、袋からかじきだけを取り出して入れる。約1分焼いて焼き目がついたら上下を返す。弱火にして残りの野菜を汁ごと加え、ふたをして約5分蒸し焼きにする。器に盛り、好みでディル(生)を添えても。

サーモンのレモン香草焼き

うまみたっぷりのサーモンとほっくり食感のカリフラワーを、さわやかなレモンとすっきりとしたハーブの香りでまとめました。焼くだけでおしゃれな一皿に。

食べごろ 30分後から

保存 冷蔵で1日

ジッパー袋 Mサイズ1枚

材料

サーモン …… 2切れ（約200g）
塩 …… 小さじ1/4
こしょう …… 少々
カリフラワー …… 1/2個（約200g）
漬け汁
- レモンの輪切り …… 1/2個分
- レモン汁 …… 1/2個分
- オリーブ油 …… 1/4カップ
- 白ワイン …… 大さじ1
- ローズマリー …… 1枚
- 塩 …… 小さじ1/4

作り方

①

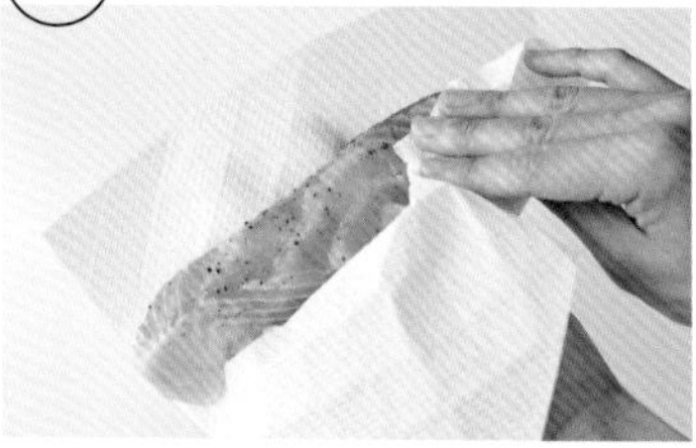

サーモンは塩、こしょうをふり、約5分おいて出てきた水けをペーパータオルでふき取る。カリフラワーは小房に分ける。

▶

②

ジッパー袋に①、漬け汁の材料を入れてなじませる。空気を抜いて口を閉じ、冷蔵庫に入れて30分以上おく。

食べるときは

フライパンを中火で熱してサーモンとカリフラワーを入れ、約1分焼いて焼き目がついたら上下を返す。弱火にして漬け汁、レモン、ローズマリーを加えてふたをし、4〜5分蒸し焼きにする。

さばのコチュジャン煮

脂ののったさばには、コチュジャンを使ったしっかりとした味わいがよく合います。しょうが、にんにくの風味がよく、パンチがきいているので、ビールのおつまみにもおすすめです。

食べごろ 1時間後から

保存 冷蔵で1日

ジッパー袋 Mサイズ1枚

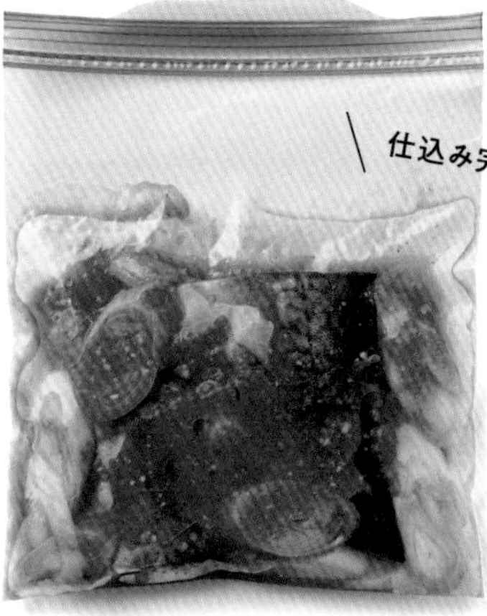

仕込み完了!

材料

さば —— 2切れ（約200g）

長ねぎ —— 1/2本

漬け汁

- しょうがのすりおろし —— 小さじ1
- にんにくのすりおろし —— 小さじ1
- 酒 —— 大さじ2
- ごま油、コチュジャン —— 各大さじ1
- 砂糖、みそ —— 各小さじ2

作り方

①

長ねぎは1㎝幅の斜め切りにする。さばはさっと水洗いして水けをふき取り、皮目に×印の切り込みを入れる。

▶

②

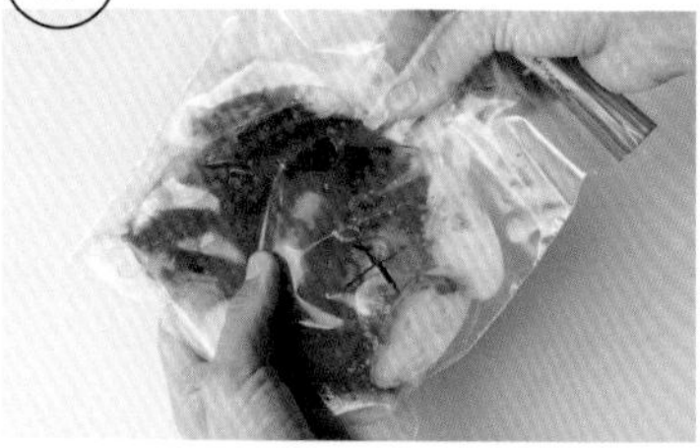

ジッパー袋に漬け汁の材料を入れてさっと混ぜ、長ねぎ、さばを加えてなじませる。空気を抜いて口を閉じ、冷蔵庫に入れて1時間以上おく。

食べるときは

フライパンに長ねぎと漬け汁、水 3/4カップを入れて中火にかける。煮立ったら皮目を上にしてさば2切れを加え、クッキングシートで落としぶたをして弱めの中火にし、約7分煮る。落としぶたを取り、スプーンで煮汁をかけながら、汁けがほとんどなくなるまで4〜5分煮る。

鯛の昆布じめ

鯛と昆布のうまみの相乗効果で、刺し身の味わいがグレードアップ。ねっとりとした舌ざわりで、上品な味わいです。しょうゆをつけずにそのままどうぞ。

食べごろ 3時間後から
保存 冷蔵で2～3日
ジッパー袋 Mサイズ1枚

※保存するときは、1日たったら昆布をはずす。

材料

鯛（刺し身用）…… 1さく（約150g）
昆布（10×10㎝）…… 3枚
塩 …… 適量

作り方

①

鯛は薄いそぎ切りにする。

②

ラップを大きく広げて昆布1枚をのせ、塩少々をふる。鯛の半量を重ならないようにのせ、塩少々をふる。

③

昆布1枚をのせて塩少々をふる。残りの鯛を同様にのせて塩少々をふり、昆布をのせる。ラップでしっかり包んでジッパー袋に入れ、空気を抜いて口を閉じ、冷蔵庫に入れて3時間以上おく。

（8時間後）

鯛に昆布のねっとり感がうつって、昆布のうまみもしっかりしみている。

野菜の昆布じめ

サラダと漬けものの中間のような感覚で、昆布のうまみで旬の野菜をたくさん食べられます。生のきゅうりやパプリカ、ゆでた小松菜やカリフラワーで作るのもおすすめ。

食べごろ 8時間後から

保存 冷蔵で2～3日

ジッパー袋 Mサイズ1枚

※ミニトマトは時間をおくと皮の食感が際立ってくるので、早く食べきる。

生野菜 の場合

材料

かぶ …… 1個

ミニトマト …… 9個

昆布（10×20cm）…… 2枚

塩 …… 適量

※昆布は小さなものを合わせて使ってもよい。

作り方

①

ミニトマトはヘタを除いて横半分に、かぶは縦半分に切って縦5mm厚さに切る。

②

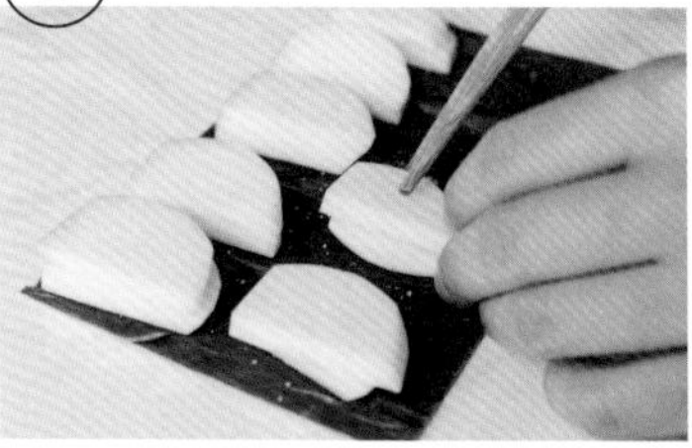

ラップを大きく広げて昆布1枚をのせ、塩少々をふる。かぶを2枚ずつ重ねて並べ、塩少々をふる。

▶

③

昆布1枚をのせて塩少々をふる。ミニトマトを切り口を下にして並べ、ラップでしっかり包んでジッパー袋に入れ、空気を抜いて口を閉じ、冷蔵庫に入れて8時間以上おく。

ゆで野菜 の場合

材料

れんこん …… 1/2 節（約 100g）
グリーンアスパラガス …… 4本
昆布（10 × 20㎝）…… 3枚
塩 …… 小さじ 2

作り方

①

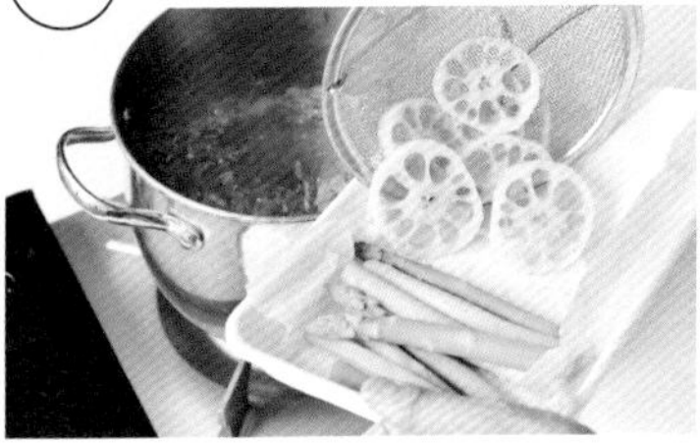

れんこんは皮をむいて5㎜厚さの輪切りにする。アスパラガスは根元を切り落とし、下5㎝ほどの皮をむいて長さを半分に切る。鍋に1ℓの湯を沸かして塩を入れ、れんこんを約2分ゆでて引き上げ、同じ湯でアスパラガスを約1分ゆでて引き上げ、粗熱をとる。

▶

②

ラップを大きく広げて昆布1枚をのせ、れんこんを2枚ずつ重ねて並べ、昆布1枚をのせる。アスパラガスを並べて昆布をのせ、ラップでしっかり包んでジッパー袋に入れ、空気を抜いて口を閉じ、冷蔵庫に入れて8時間以上おく。

みそ床

みそ、みりん、酒、砂糖を混ぜただけのシンプルなみそ床ですが、素材のうまみを引き出しつつ、味がしみ込んでおいしい仕上がりに。しょうがやにんにくを加えたみそ床の風味のよさも楽しんでみて。

食べごろ すぐに使える

保存 冷蔵でプレーンは 1 カ月、しょうが・にんにくは 2 週間

冷凍はすべて 2 カ月

ジッパー袋 Mサイズ1枚

プレーンみそ床

材料

みそ ― 1/2 カップ（約 120g）

みりん ― 大さじ2

酒、砂糖 ― 各大さじ1

作り方

ボウルにすべての材料を入れて混ぜる。ジッパー袋に入れて空気を抜いて口を閉じ、冷蔵庫で保存する。

しょうがみそ床

材料

みそ ― 1/2 カップ（約 120g）

みりん ― 大さじ2

酒、砂糖 ― 各大さじ1

しょうがのすりおろし ― 大さじ1

作り方

「プレーンみそ床」と同様にする。

にんにくみそ床

材料

みそ ― 1/2 カップ（約 120g）

みりん ― 大さじ2

酒、砂糖 ― 各大さじ1

にんにくのすりおろし ― 小さじ1

豆板醤 ― 小さじ2

作り方

「プレーンみそ床」と同様にする。

プレーンみそ床を使って

豚ロースのみそ漬けグリル

豚ロース肉の脂の甘みと、みそのうまみが
おいしくマッチ。香ばしい焼き上がりがうれしい。

材料（2人分）

豚ロースステーキ用肉
…… 2枚（約300g）
プレーンみそ床 …… 大さじ4
サラダ油 …… 小さじ2
レタス …… 2〜3枚

こんな食材もおすすめ

鶏もも肉、鮭の切り身、
ぶりの切り身など

作り方

1. 豚肉は筋を切る。ジッパー袋（M サイズ）にプレーンみそ床、豚肉を入れ、みそ床をよくなじませる。空気を抜いて口を閉じ、冷蔵庫に入れて8時間以上おく。

2. 豚肉をジッパー袋から取り出して、みそ床を軽くぬぐう。フライパンにサラダ油を弱めの中火で熱し、豚肉を入れて約2分焼く。上下を返し、弱火にしてふたをし、豚肉に火が通るまで約3分焼く。食べやすく切り分けて器に盛り、レタスを添える。

しょうがみそ床を使って

漬けまぐろ

こってりしたまぐろには、すっきりとした
しょうがの風味を合わせて。お酒にぴったりです。

材料（２人分）

まぐろ（刺し身用）
…… 1さく（約200g）
しょうがみそ床 …… 大さじ３
青じそ …… ４枚

こんな食材もおすすめ

白菜、かぶ、セロリ、きゅうり、大根など

作り方

1. まぐろは長さを半分に切る。ジッパー袋（Mサイズ）にしょうがみそ床、まぐろを入れ、みそ床をなじませる。空気を抜いて口を閉じ、冷蔵庫に入れて1日おく。

2. まぐろをジッパー袋から取り出して、みそ床を軽くぬぐう。薄切りにし、青じそとともに器に盛る。

にんにくみそ床を使って

チーズのにんにくみそ漬け

コクのあるチーズに、にんにくの風味がよく合います。
豆板醤の辛みで食欲もそそられます。

材料（2人分）

モッツァレラチーズ
…… 1個（約100g）
クリームチーズ（角切りタイプ）
…… 4個（約70g）
にんにくみそ床 …… 大さじ3

作り方

1. モッツァレラチーズは半分に切る。ジッパー袋（Mサイズ）ににんにくみそ床、モッツァレラチーズ、クリームチーズを入れ、みそ床をなじませる。空気を抜いて口を閉じ、冷蔵庫に入れて2〜3日おく。

2. チーズをジッパー袋から取り出して、みそ床を軽くぬぐう。モッツァレラチーズは1cm厚さに切り、クリームチーズと盛り合わせる。

こんな食材もおすすめ

水きりした木綿豆腐、蒸したじゃがいも、ゆで卵など

榎本美沙

Misa Enomoto

料理家、発酵マイスター。発酵食品、旬の野菜を使ったシンプルなレシピが人気で、テレビや雑誌、書籍などで活躍中。YouTube チャンネル「榎本美沙の季節料理」や SNS も人気。著書に『からだが整う〝ひと晩発酵みそ〟』（主婦と生活社）がある。

YouTube チャンネル：「榎本美沙の季節料理」
ふたりごはん：https://www.futari-gohan.jp/
Instagram：@ misa_enomoto

デザイン　野本奈保子（ノモグラム）
撮影　豊田朋子
編集　早川徳美
校正　安久都淳子
DTP 製作　天龍社
調理アシスタント　さくらいしょうこ
　　　　　　　　　榎本洋行

少量でおいしい
ジッパー袋でかんたん
季節の保存食

2020 年 4 月 20 日　第1版発行
2022 年 4 月 15 日　第4版発行

著者　榎本美沙
発行者　河地尚之
発行所　一般社団法人　家の光協会
〒162-8448　東京都新宿区市谷船河原町 11
電話　03-3266-9029（販売）
　　　03-3266-9028（編集）
振替　00150-1-4724
印刷・製本　図書印刷株式会社

乱丁・落丁本はお取り替えいたします。定価はカバーに表示してあります。

ISBN978-4-259-56648-7 C0077